Anne Maile

Binden und Färben

**Dekoratives Stoffärben
Reservierung durch
Knoten
Binden
Falten und
Nähen**

Verlag Frech Stuttgart-Botnang

ISBN 3-7724-0004-3

4. Auflage 1973

© 1967
Verlag und Druckerei Frech
Stuttgart-Botnang

übersetzt aus dem Englischen
von Renate Storr

Originaltitel
„Tie-and-Dye as a Present-Day Craft"
by Anne Maile
Verlag Mills & Boon Limited
London
1962 Anne Maile

Druck: Frech Stuttgart-Botnang

Auflage 4-5-6-7-8-9-10/80-79-78-77-76-75-74-73

Inhalt

Vorwort 5

Wissenswertes für alle Techniken 6

Gleichbleibende Arbeitsgänge bei allen Techniken 8

Einfache Flächenmuster 9

Die Knotentechnik 11

Das Binden 15

Das Falten 26

Die Nähtechnik oder Tritik 37

Gefaltete Ovale 61

Reservieren durch Rüschen 65

Zickzacklinie — die Technik des spiralförmigen Faltens .. 69

Verschiedene Techniken in einem Muster 74

Batik 77

Vorwort

Da sich immer mehr Erwachsene und Jugendliche für die Technik des dekorativen Stoffärbens interessieren, macht sich das Fehlen einer praktischen Anleitung bemerkbar. Dieses Buch bietet ausreichende Informationen und zeigt die vielen Möglichkeiten dieses faszinierenden Hobbys auf.
Die hier empfohlenen Methoden sind weniger feste Regeln, als Anleitungen für Experimente.
In der Vergangenheit wurde in vielen Ländern erkannt, daß diese dekorativen Stoffärbetechniken ein Mittel sind, die Liebe für Farben und Muster auszudrücken. Heute sind sie, angesichts der Vorteile, die unsere modernen Farbstoffe bieten, außerdem eine sehr lohnende Beschäftigung.

Es werden dafür einfache und wenige Werkzeuge benötigt. Deshalb kann diese Technik sowohl im Klassenzimmer als auch in der Wohnung ausgeübt werden. Die einfacheren Methoden können sogar von kleinen Schulkindern angewandt werden. Der Student einer Kunstakademie oder einer Textilfachschule kann sehr viel aus dieser traditionellen Art der Mustergebung lernen, während der Stoffentwerfer eine unerschöpfliche Quelle von Mustern, Strukturen und Effekten zu seiner Verfügung hat.
Die gefärbten Stoffe können für Kleider, Röcke, Blusen, Schals usw. und für viele Haushaltsartikel verwendet werden.

Das dekorative Stoffärben ist ein praktisches und befriedigendes Hobby. Es gibt einfache Methoden, die schnell zu Ergebnissen führen und solche, die mehr Zeit und Geschicklichkeit in Anspruch nehmen. Ob einfach oder kompliziert, Stoffe, die mit der dekorativen Stoffärbetechnik behandelt wurden, haben einen besonders reizvollen Ausdruck und eine große Anziehungskraft.
In den völkerkundlichen Museen gibt es viele Beispiele afrikanischer, japanischer und indischer Arbeiten, die manche Anregungen geben können.
Das dekorative Stoffärben ist zeitlos. Seine Anfänge reichen zurück in die graue Vorzeit und ist doch heute immer noch überraschend neu.
Von der Technik her gesehen ist das dekorative Stoffärben wie das Batiken eine Reservetechnik. Knüpft, faltet, näht oder bindet man verschiedene Teile eines Stoffes ab, entsteht eine „Reserve": in diese Stellen kann beim Färben nur wenig oder gar keine Farbe eindringen; sie bleiben also „reserviert".

Wissenswertes für alle Techniken

Grundausrüstung — Stoff, Farben, Salz, Essig, evtl. Farbfestiger, Bindfaden, Gefäße für die Farben, eine Möglichkeit zum Spülen des gefärbten Stoffes, Platz zum Trocknen.

Gefäße für die Farben — Sie sollten groß genug sein, damit der Stoff bequem darin untergebracht werden kann, aber auch nicht größer, damit nicht unnötig viel Farbe angesetzt werden muß. Es eignet sich rostfreier Stahl, Emaille oder galvanisiertes Material. Oft genügt schon ein Marmeladenglas.

Spülen — Ideal ist ein Abflußbecken und viel Wasser. Ein großer Eimer oder eine große Schüssel tun es auch, wenn das Wasser oft erneuert wird.

Zusätzliche Hilfsmittel — Einige Plastiklöffel, Holz- oder Glasstäbchen zum Umrühren der Farbe, eine kleine scharfe Schere, Gummihandschuhe, Stopf- oder Sticknadeln, Zeitungen, Gläser mit Schraubverschluß oder Flaschen zum Aufbewahren der Farbe.

Der Stoff — Am besten eignet sich feingewobene Baumwolle wie z. B. Batist, Musselin, Kaliko, Kattun oder Popeline. Leinen, Kunstseide, feine Wolle, Seidenstoffe aller Art, auch einige Mischgewebe, sofern die richtigen Farbstoffe dazu erhältlich sind (Angaben auf den Farbstoff-Tüten beachten).
Stoffe mit starker Struktur eignen sich nur, wenn sie nicht zu steif und fest sind. Dicke, rauhe Stoffe sind ungeeignet, es sei denn, ein sehr groß angelegtes Muster wäre geplant.

Für die ersten Versuche Ideal für Anfänger sind Stücke aus alten Hemden, Bettüchern oder Kissenbezügen.

Wachs als zusätzliches Reservemittel Wenn die Reservestellen sehr deutlich sein sollen und Abbinden allein nicht genügt, um das Eindringen der Farbe zu verhindern, deckt man zusätzlich mit Wachs ab. Etwas Paraffinwachs oder ein Stück Kerze wird in einem alten Topf oder in einer Büchse bis zum Schmelzen erhitzt, dann mit einem Pinsel auf die abgebundenen Linien gestrichen. Danach wird der Stoff einige Minuten in kalte Farbe (bis 60°) getaucht. Gründlich spülen, aufknüpfen und trocknen. Das Wachs wird zwischen Zeitungs-, Lösch- oder Fließpapier heiß ausgebügelt.

Schutz der Hände beim Abbinden Ein dünner Baumwollhandschuh empfiehlt sich für die Hand, die den Faden anziehen muß, damit der Faden nicht in die Hand einschneidet.
Denselben Zweck erfüllt auch ein Pflaster, das über die empfindliche Stelle geklebt wird.
Es ist vorteilhaft, den Faden auf eine Spule oder ein Stück Pappe aufzuwickeln, damit man beim Anziehen besser anfassen kann.
Wenn ein großes oder langes Stoffstück gebunden wird, kann man auch einen dicken Faden an einen feststehenden Gegenstand binden. Dann einige Schritte weggehen und den Stoff drehen: der gespannte Faden wickelt sich um die abzubindende Stelle.

Gleichbleibende Arbeitsgänge bei allen Techniken

Diese Arbeiten kehren immer wieder, manchmal nur leicht abgewandelt. Wenn etwas anders gemacht wird, ist es bei den einzelnen Techniken angegeben.

Stoff waschen (wenn möglich kochen), um Schmutz, Fett oder Appretur zu entfernen.

Bügeln.

Das Muster mit Bleistift auf den Stoff skizzieren.

Den gerafften, gefalteten, gekräuselten (mit Heftstichen) oder gebundenen Stoff dicht zusammenziehen, die rechte Seite muß dabei außen am Bündel sein. Es ist auch möglich, die Reservierungsverfahren zu kombinieren.

Wenn nötig, Wachs zum Abdecken (Reservieren) zusätzlich verwenden.

Farbe laut Anweisung anrühren und Farbprobe machen.

Reserviertes Färbegut anfeuchten, in das Farbbad legen und die für das Färben vorgeschriebene Zeit genau einhalten.

In einem Becken oder einer Schüssel die überschüssige Farbe so lange ausspülen, bis das Wasser klar bleibt.

Wird ein weiterer Färbegang gewünscht, können einige Wickel gelöst, andere neu abgebunden (reserviert) werden. Das gilt auch für die folgenden Färbegänge (wir empfehlen nicht mehr als drei).

Reservierungen vorsichtig aufknüpfen. Ob dies vor oder nach dem Trocknen gemacht wird, hängt von der zur Verfügung stehenden Zeit ab. Nach dem Trocknen geht das Auflösen wohl leichter, doch dauert das Trocknen sehr lange und die Arbeit wird vielleicht zu langweilig.

Um die Wasser- und Waschechtheit zu erhöhen, kann dem letzten Spülwasser etwas Essig zugesetzt werden, oder der gefärbte Stoff kann mit einem Farbfestiger (z. B. Deka 111/L) laut Gebrauchsanweisung nachbehandelt werden.

Das Färbegut zum Trocknen aufhängen, große Stoffstücke trocknet man zweckmäßig auf saugfähigem, ausgebreitetem Papier (z. B. Zeitungen) auf dem Fußboden.

Den gefärbten Stoff in noch feuchtem Zustand bügeln.

Empfehlenswert ist es, alle noch verwendbaren Fadenstücke (über 15 cm) zu sammeln, sie miteinander zu verknoten, zu entfärben und auf ein Stück Holz oder Pappe zu wickeln (nach Garnstärke getrennt). Andererseits können durch nochmalige Verwendung eines benutzten Garnes zusätzliche Effekte erzielt werden; besonders dann, wenn man Fäden verschiedener Farben zum Reservieren benutzt.

Einfache Flächenmuster

Das Marmorieren

Das Marmorieren ist eine gute Einführung in die Plangi-Technik. Einige Experimente zeigen, wie Reservestellen entstehen und wie sie wirken. Die ganz unregelmäßige, wolkenartige Zeichnung, die durch die „Marmoriertechnik" auf dem Stoff entsteht, bietet auch ohne weitere Behandlung einen ungewöhnlichen Hintergrund für Drukke, Schablonendrucke, Stickerei usw. Nach der Marmorierung kann der Stoff zu einem bestimmten Muster zusammengebunden werden und dunkler oder in einer Kontrastfarbe gefärbt werden: das marmorisierte Muster ist dann nur an der Reservestelle sichtbar.

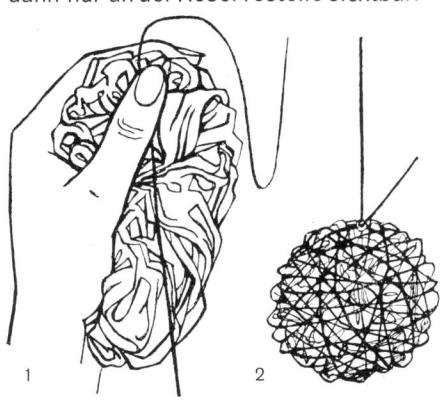

Arbeitsweise: Ein Stück Stoff in Taschentuchgröße zusammenknüllen (1), dann mit Faden oder Schnur umschnüren, bis daraus ein harter, fester Ball wird. Einen Knoten machen und ein Ende (ungefähr 15 cm) hängen lassen (2) zum Festhalten beim Färben. Nur einige Sekunden eintauchen. Je länger der Stoff in der Farbflotte bleibt, umso mehr kann die Farbe in die Spalten eindringen. Die überschüssige Farbe herausdrücken und spülen. Vor dem Trocknen die Verschnürung entfernen. Wenn das Muster nicht gleichmäßig verteilt ist, den Stoff wieder zusammenbinden und in derselben Farbe noch einmal färben. Soll eine zweite oder dritte Farbe verwendet werden, den ganzen Vorgang wiederholen. Wenn neu zusammengeschnürt wird, sollte man die noch nicht gemusterten Stellen an die Außenseite bringen.

Das Drehen und Schlingen

Dieses Muster ist deutlicher und gleichmäßiger über den Stoff verteilt als beim Marmorieren. Bei dieser Technik muß die ganze Stofflänge in die Farbflotte getaucht werden.
Arbeitsweise: Die Webkanten aufeinanderlegen, wobei die rechte Seite des Stoffes die Außenseite ist (3). Jedes Ende dieses „Schlauches" mit Faden abbinden. Bei einem kleineren Stoffstück ist das nicht notwendig. Ein Ende kann in der Hand gehalten werden, während der „Schlauch" spiralförmig zu einem Seil gedreht wird (4).

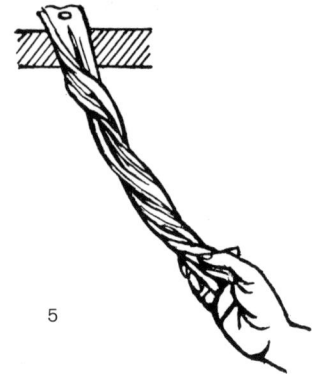

4 5

Man kann auch ein Ende an einem festen Gegenstand befestigen, dann den „Schlauch" drehen bis er sich von selbst aufwickelt. Dieses „Seil" in der Mitte zusammenlegen (6) und die beiden Enden zusammenbinden. Die Windungen gleichmäßig verteilen (7), dann am offenen Ende mit Zusammenschnüren beginnen, und dort auch wieder aufhören.
Einige Sekunden färben. Überschüssige Farbe herausdrücken, spülen, aufschnüren und trocknen. Ehe die Schnüre gelöst werden, kann noch zusätzlich eingeschnürt und in einer zweiten Farbe gefärbt werden (9). Die beiden Enden kann man verschieden färben. Spülen, Schnüre lösen und trocknen. Wenn das Muster nicht gut verteilt ist, kann das Einschnüren wiederholt werden, wobei die ungefärbten Stellen an die Außenseite kommen.

6 7 8 9

Die Knotentechnik

Für diese Technik sind feine Gewebe wie z. B. Musselin, Batist, Georgette, Voile, Seide und Nylon Voraussetzung. Rauhes Material ist ungeeignet. Das Knoten wird je nach Form und Größe des Stoffes verschieden gehandhabt: Knoten in einen Stoffstreifen knüpfen — Knoten in ein quadratisches, rechteckiges oder dreieckiges Stück Stoff knüpfen — Knoten gleichmäßig über eine ganze Stoffbahn verteilen.

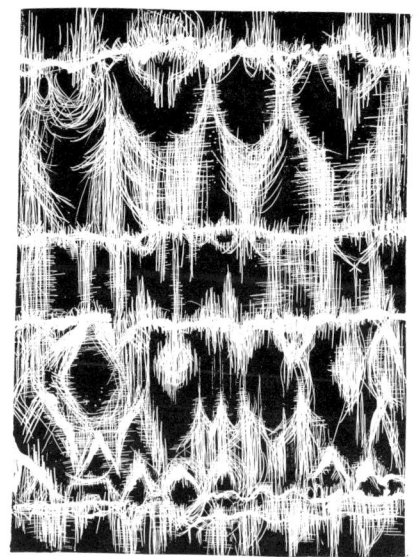

Knoten in einen Stoffstreifen knüpfen

Ein schmaler Stoffstreifen eignet sich am besten; je breiter und rauher er ist, desto weniger Knoten können gemacht werden. Viele kleine Knoten ergeben interessantere Muster als große unförmige Knoten.
Arbeitsweise: Zuerst an einem Ende einen Probeknoten machen, damit man weiß, wieviel Stoff jeder Knoten braucht. Mit dem Bleistift Linien ziehen und den Mittelpunkt jedes geplanten Knotens anzeichnen (10). Den Stoff zusammenrollen und an jeder Bleistiftlinie einen Knoten machen. Von der Mitte aus nach außen knüpfen. Die Knoten anziehen und ausgleichen, damit sie möglichst gleich groß sind (11). Den Stoff kurz in die Farbflotte halten und dann Spülen und aufknüpfen. Das Knotenmuster wird durch ein zweites oder drittes Färben interessanter, dabei müssen die Knoten wieder an derselben Stelle gemacht werden. Wem es nicht zulange dauert, sollte den Stoff vor dem Auflösen trocknen lassen. Ein zugeschnittenes Hölzchen, eine Häkelnadel aus Bein oder ein ähnlich dünner, stumpfer Gegenstand kann zum Aufknüpfen verwendet werden, niemals aber eine Schere! Zum Auflösen braucht man Geduld; wenn die Knoten zwischen Daumen und Zeigefinger hin- und her bewegt werden, lockern sie sich allmählich.

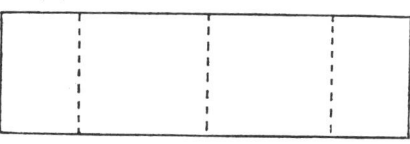

10

11

Knoten in ein quadratisches, rechteckiges oder dreieckiges Stück Stoff knüpfen.

Quadrat oder Rechteck

Stoff in der Mitte hochnehmen. Mit der linken Hand nach unten glatt streichen, drehen und rollen, bis ein Knoten geknüpft werden kann (12). An den vier Ecken je drei oder vier kleinere Knoten machen (13), (14), (15). Färben, spülen und aufknüpfen. Noch einmal knüpfen, wobei die Knoten wieder an denselben Stellen sein müssen. In einer zweiten Farbe färben, spülen und aufknüpfen. Den ganzen Vorgang in einer dritten Farbe wiederholen.

Um abzuwechseln verzichtet man auf den großen Knoten in der Mitte; man kann mehrere Knoten in den Ecken machen (16) oder die Knoten anordnen wie in der Abbildung (17), oder auch diagonal falten (18).
Die Abbildung zeigt ein Muster, das durch Knoten in einem Viereck entstanden ist.

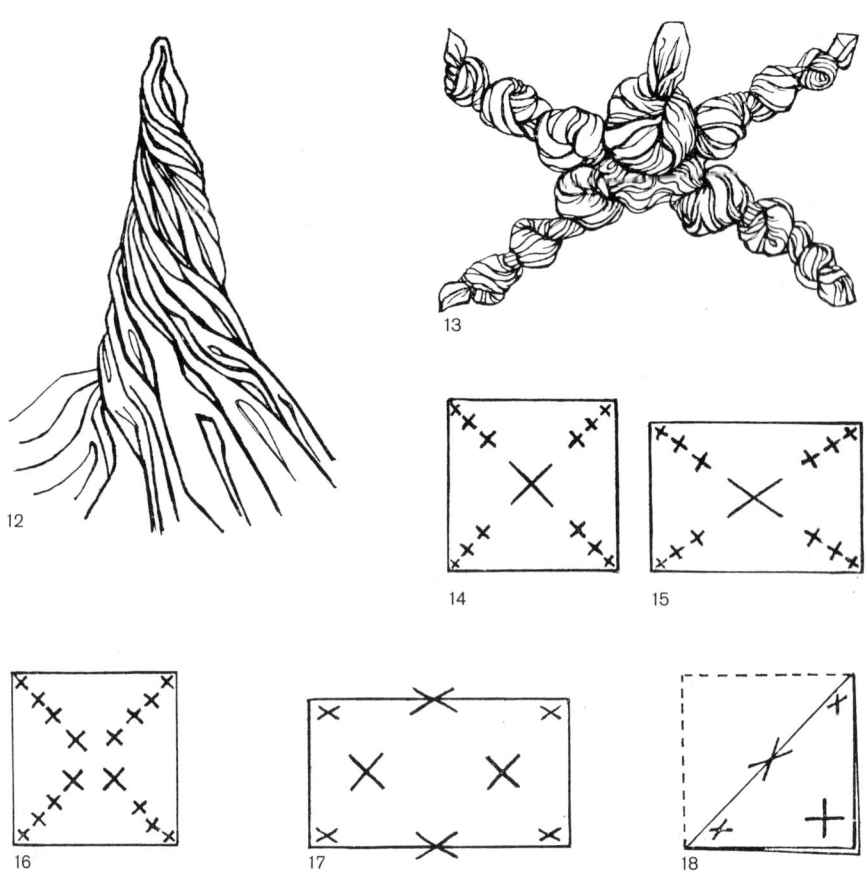

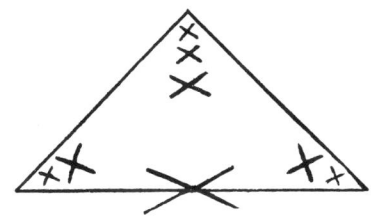
20

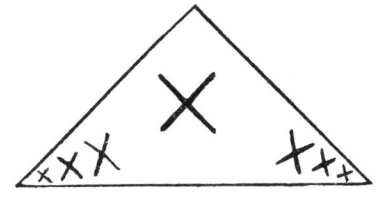
21

Dreieck

Der Hauptknoten kann an der Dreiecksspitze (19) oder in der Mitte einer der Dreiecksseiten (20) gemacht werden. Die drei Ecken werden dann zwei, drei oder viermal geknüpft. Die Zeichnungen 21, 22, 23 und 24 zeigen, wie verschieden die Knoten angeordnet werden können.

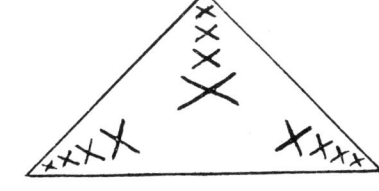
22

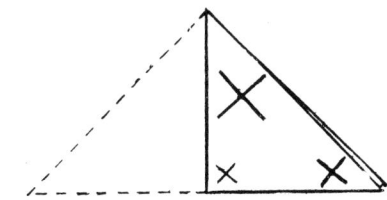
23

19

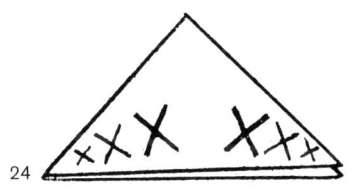
24

Knoten gleichmäßig über eine ganze Stoffbahn verteilen

Hierfür sind die feinsten Gewebe notwendig.

Ausprobieren, wieviel Stoff für einen Knoten gebraucht wird; danach die Verteilung der Knoten festlegen (siehe Probeknoten Abb. 10).
Mit Bleistift den Mittelpunkt jedes Knotens bezeichnen. An jedem Punkt den Stoff hochnehmen und zwischen Daumen und Fingern glatt streichen. Knoten machen (12). Jeden Knoten fest anziehen, wobei man das kleine überstehende Schwänzchen in der Mitte festhält.
Wenn alle Knoten geknüpft sind (25), färben, spülen. Aufknüpfen und neu knüpfen, ehe eine zweite Farbe verwendet wird.

Abwandlungen:

Einzelne Knoten oder die überstehenden Schwänzchen können in eine andere Farbe getaucht werden. So erhält man ein abwechslungsreicheres und bunteres Muster. —
Eine weitere Möglichkeit bietet das Knüpfen und Knoten in „Diamantform". Die Mittelpunkte der Knoten anzeichnen. Den Stoff der Länge nach parallel zur Webkante falten und zwar einige Zentimeter auf beiden Seiten vom Bleistiftpunkt entfernt. Den so gefalteten Stoff am Bleistiftpunkt hochnehmen (siehe 68 und 69) und gut glatt streichen.
Knoten machen und fest anziehen. Färben, spülen, aufknüpfen.
Wenn ein zweites Mal gefärbt werden soll, müssen die runden Knoten und die „Diamantknoten" an denselben Stellen wieder geknüpft werden. Das

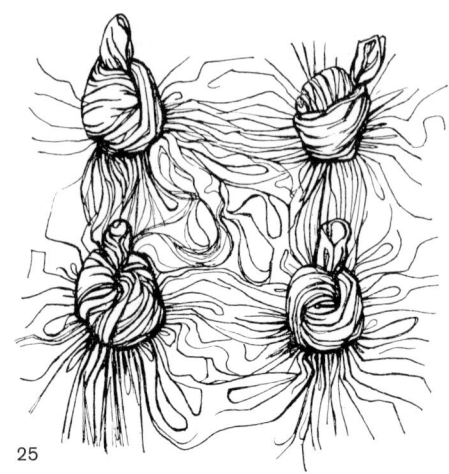
25

Muster wirkt aparter, wenn man beide Formen verwendet.
Ein längeres Schwänzchen und ein loser Knoten ergeben eine große Form und umgekehrt (26). —
Wenn sehr feines Material verwendet wird, kann das überstehende Stoffschwänzchen so verlängert werden, daß es möglich ist, über dem ersten Knoten einen zweiten zu knüpfen (27). Der kleinere kann anders gefärbt werden als der größere. —
Ehe aufgeknüpft wird, können die Knoten alle außerhalb der Farbflotte in einem Bündel zusammengehalten wer-

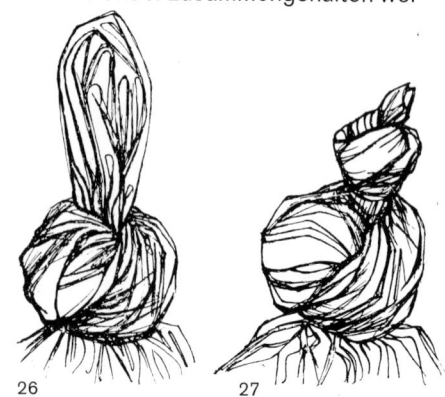
26   27

den, während der Hintergrund in einer anderen Farbe eingefärbt wird. — Eine weitere Variation wird dadurch erreicht, daß man zunächst nur einige Knoten knüpft. Färben, spülen, aber nicht aufknüpfen. Weitere Knoten knüpfen und in einer zweiten Farbe einfärben, spülen und alle Knoten lösen. Vor dem dritten Färben die Knoten wieder neu knüpfen; spülen und aufknüpfen.
Für Kinder ist das Aufknüpfen der Knoten schwierig. In diesem Fall kann man die Knoten locker lassen und sie durch zusätzliches Abbinden verstärken.

Das Binden

Das Binden ist eine der wichtigsten Arten unserer Stoffärbetechnik; es wird entweder allein angewandt oder mit anderen Methoden kombiniert. Wenn bestimmte Teile des Stoffes vor dem Färben eng und fest mit Faden zusammengeschnürt werden, können sie die Farbe nur teilweise oder überhaupt nicht annehmen. Wird vor dem ersten Färbevorgang abgebunden, bleibt die ursprüngliche Farbe erhalten (gewöhnlich weiß). Wird vor dem zweiten Färbevorgang abgebunden, bleibt die erste Farbe erhalten usw.
Die Leinenfäden Nr. 18, 35 und 45 eignen sich vorzüglich zum Abbinden; festgedrehtes Baumwollgarn, Bindfaden, Schnur, Zwirn usw. können aber auch verwendet werden. Wenn die Spannung größer ist, wird ein stärkerer Faden zum Abbinden verwendet; ein dickerer Faden, wenn große Reservestellen entstehen sollen, ebenso bei gröberem Stoff. Baumwollfaden oder dünner Faden genügt für kleinere Knüpfungen oder für feineres Material. Es ist notwendig, daß das Abgebundene fest und straff bleibt und während dem Färben nicht nachgibt. Der Stoff muß so fest zusammengehalten werden, daß der Farbstoff nicht unter die Abbindestellen eindringen kann.

Um das zu erreichen, muß der Abschlußknoten zuverlässig geknüpft werden.
Dafür gibt es verschiedene Möglichkeiten:
Man läßt den Faden am Anfang mindestens 5 cm überstehen, kehrt nach dem Abbinden wieder an diese Stelle zurück und verknüpft beide Enden fest miteinander (28, 29, 30).

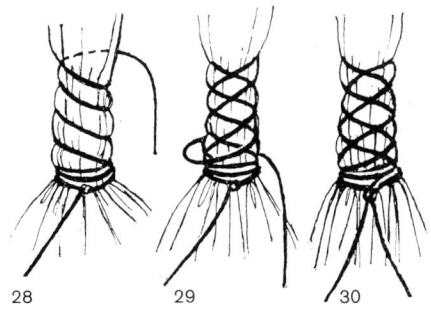

28   29   30

Bei einer anderen Art nimmt man den Stoff in die linke Hand. Der Daumen hält den Anfang des Bindfadens an der Stelle, die zusammengeschnürt werden soll (31). Den Faden mehrmals um den Stoff gewickelt, fest anziehen, das Ende unter dem Daumen loslassen und die Fäden zusammenknüpfen.

15

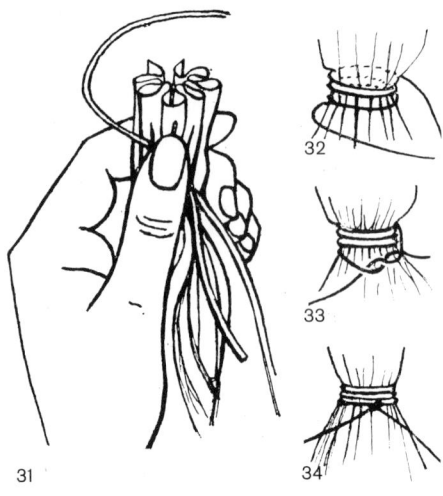

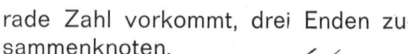

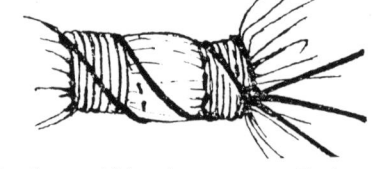

Das Anfangsstück des Fadens kann auch zwischen dem zweiten und dritten Finger festgehalten werden, bis das Zusammenschnüren beendet ist.
Damit die Fadenspannung erhalten bleibt, verschlingt man die Enden zweimal, zieht an und macht dann den Abschlußknoten darüber.

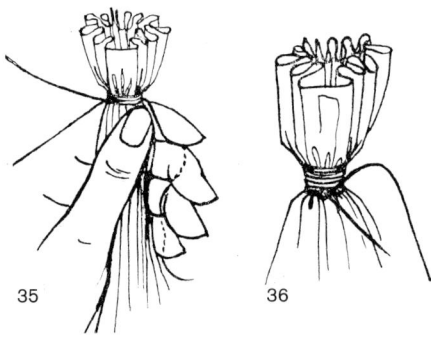

Wenn mehrere Enden vorhanden sind, paarweise verknoten, wenn eine ungerade Zahl vorkommt, drei Enden zusammenknoten.

Bleibt beim Abbinden nur ein Fadenende übrig, muß ein zweiter Faden hinzugefügt werden, damit ein Knoten gemacht werden kann. Man nimmt den zusammengeschnürten Stoff mit dem überstehenden Fadenende in die linke Hand, einen neuen Faden und das Ende des alten zwischen Daumen und Zeigefinger und wickelt den neuen Faden ein- oder zweimal in umgekehrter Richtung über den vorhandenen Faden. Die drei Fadenenden werden verknüpft.

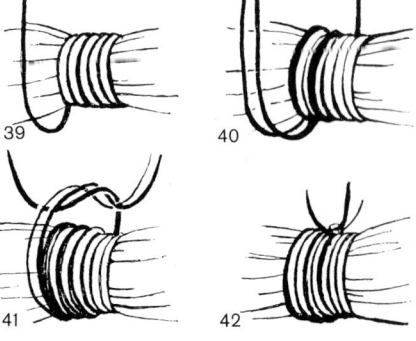

Wenn nach dem Zusammenschnüren das überstehende Fadenende lang genug ist, kann man daraus eine Schlaufe bilden; sie wird über das Abgebundene in entgegengesetzter Richtung ein- oder zweimal zurückgeführt und mit dem Fadenende verknüpft.

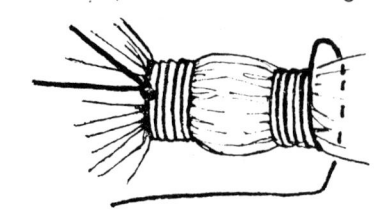

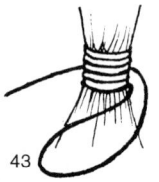

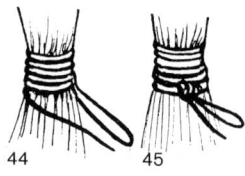

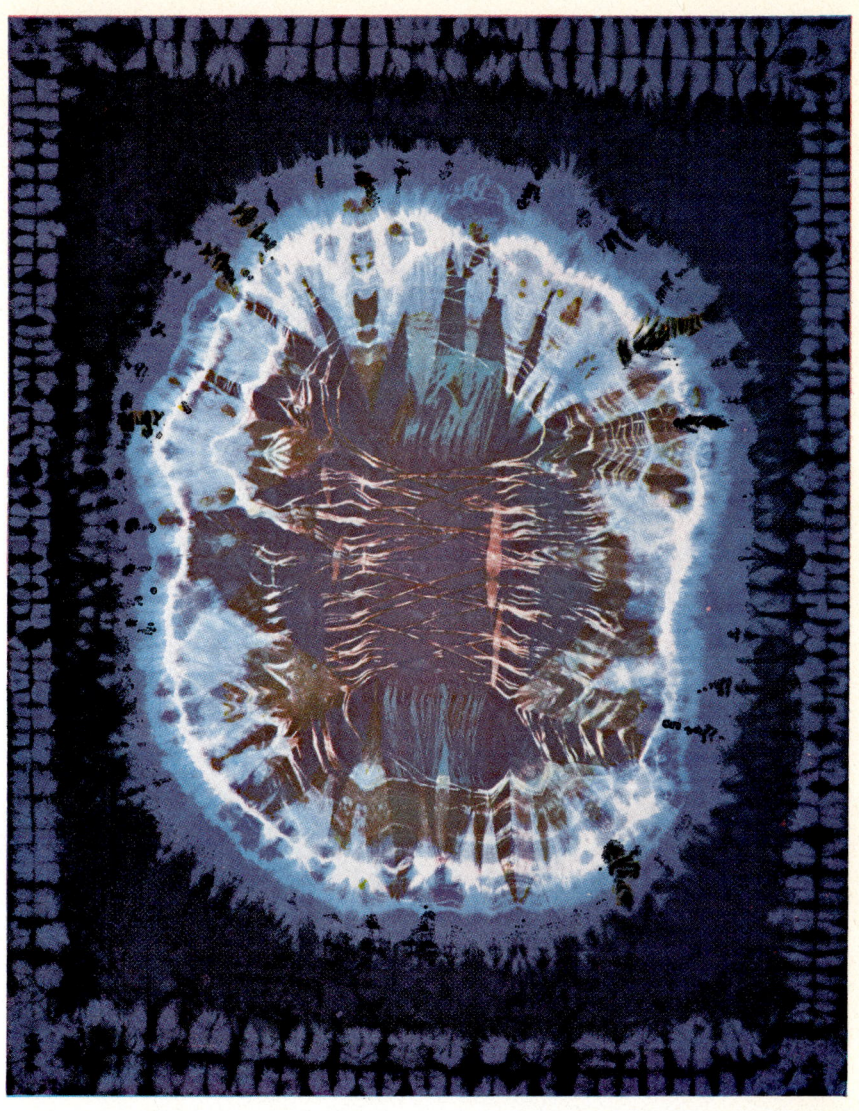

Dieses „Bündelmuster" entsteht durch Einbinden großer Korkstücke in den Stoff. Die Abbildung zeigt nur einen Ausschnitt.

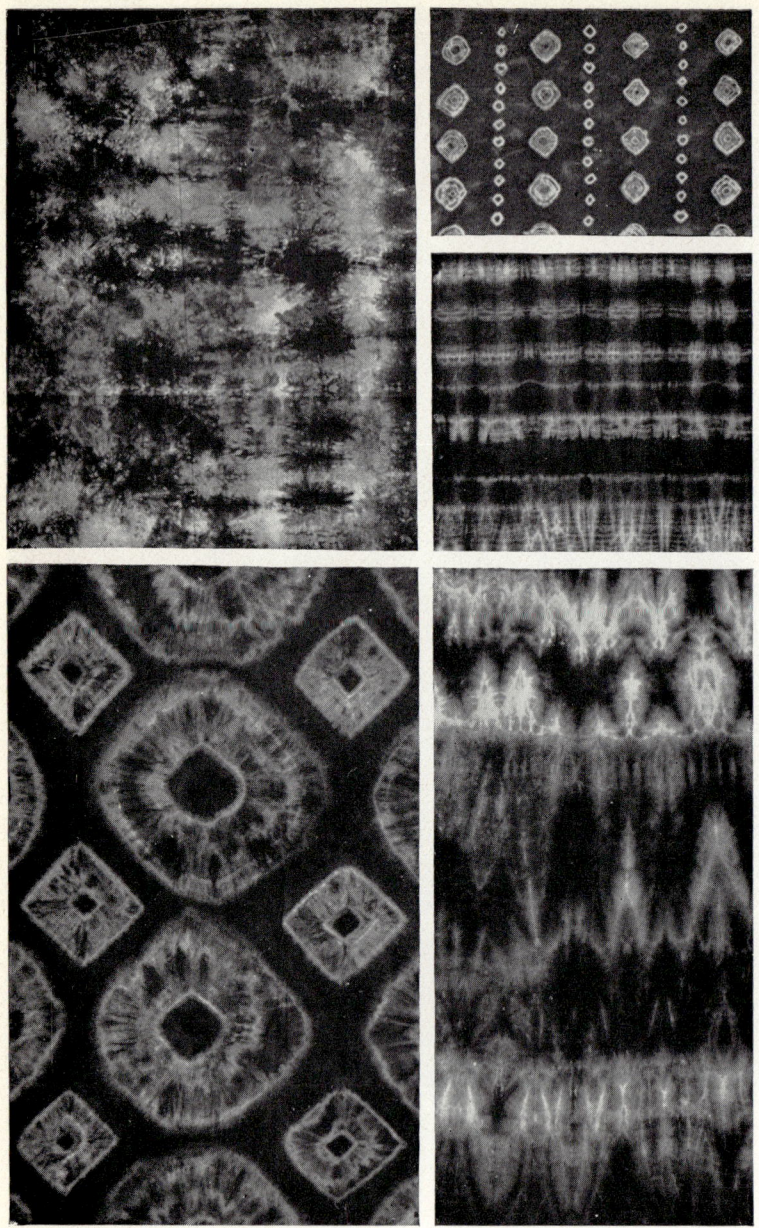

oben links: Marmorierung;
unten links: durch die Knotentechnik entsteht dieses Muster (rund und diamantförmig); es ist gleichmäßig über den ganzen Stoff verteilt;
oben rechts: Reihen verschieden großer Kreise und Punkte;
Mitte rechts: die Streifen entstehen durch Zusammenschnüren des Stoffes;
unten rechts: durch die Dreh- und Schlingtechnik entstehen diese Formen.

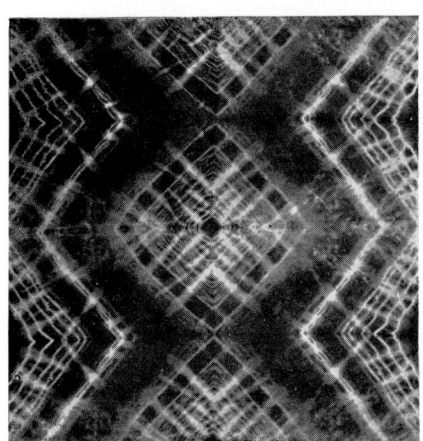

Die Kontur des Leoparden wird mit Überwendlichstichen umnäht, die Fläche mit Heftstichen. Die Flecken im Leopardenfell entstehen durch Einknüpfen von Perlgraupen. Das rechte der beiden gefalteten Quadrate wird bei Zeichnung 117 beschrieben.

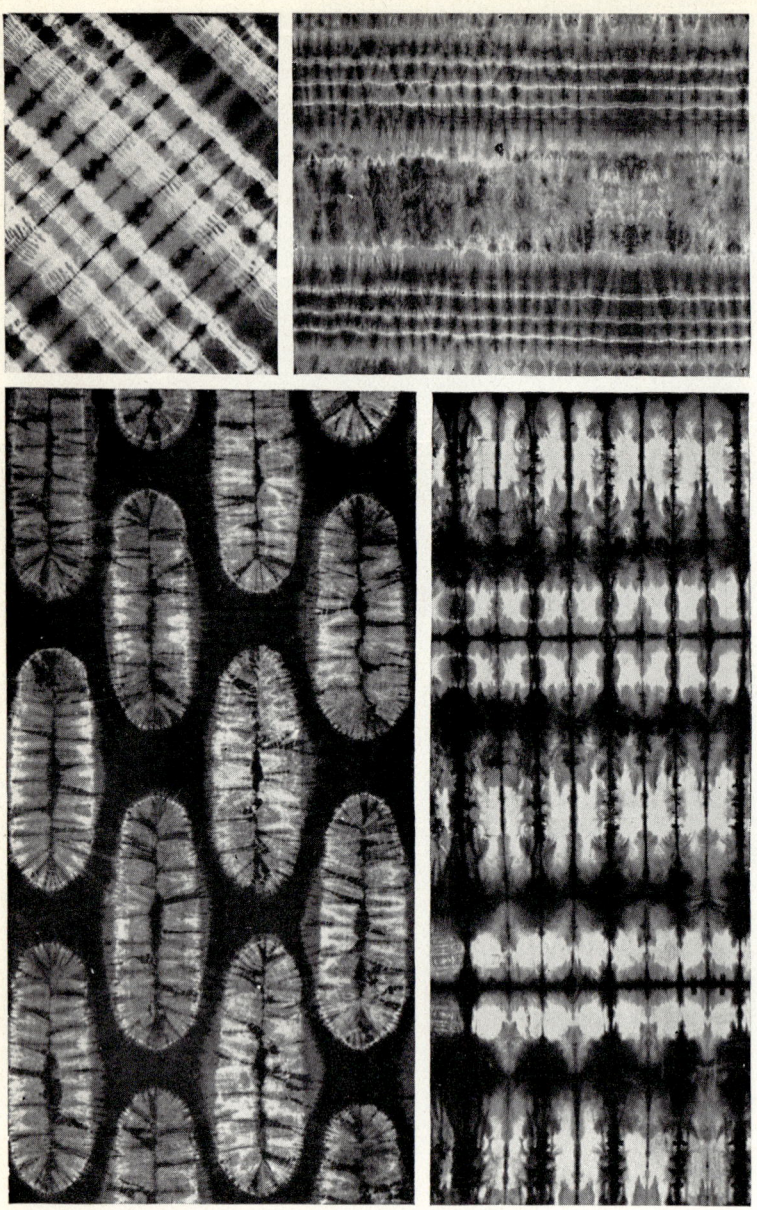

oben links: diagonale Streifen entstehen durch die „Seiltechnik";
oben rechts: eine mit Knoten und Gruppen von drei abgebundenen Linien versehene Stoffbahn;
unten links: gefältelte Ovale;
unten rechts: Muster in der „Seiltechnik"

Das Aufknüpfen

Beim Durchschneiden der Fäden kann leicht in den Stoff geschnitten werden. Man zieht deshalb den Knoten so weit vom Stoff weg, daß eine Lücke für die Schere entsteht.

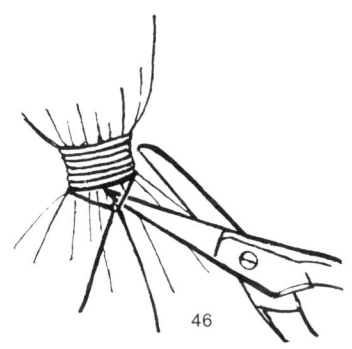

Ein „Schlupfknoten"

Obwohl diese Knotenart nicht so gut hält, wie zwei zusammengeknüpfte Fäden, wird sie doch dann verwendet, wenn eine Folge von kleinen Abbindungen ohne Abschneiden des Fadens gemacht wird.
Arbeitsweise: Nach dem Einschnüren den Stoff mit der linken Hand an der abgebundenen Stelle festhalten. Den Bindfaden im entgegengesetzten Uhrzeigersinn um die ersten beiden Finger der linken Hand wickeln. Mit der rechten Hand die Schlaufe lockern und über dem überstehenden Stückchen Stoff so umdrehen, daß die Fadenlänge unten ist. Den Faden anspannen, zwei oder drei „Schlupfknoten" übereinander machen, wenn eine besonders große Spannung erhalten werden muß.

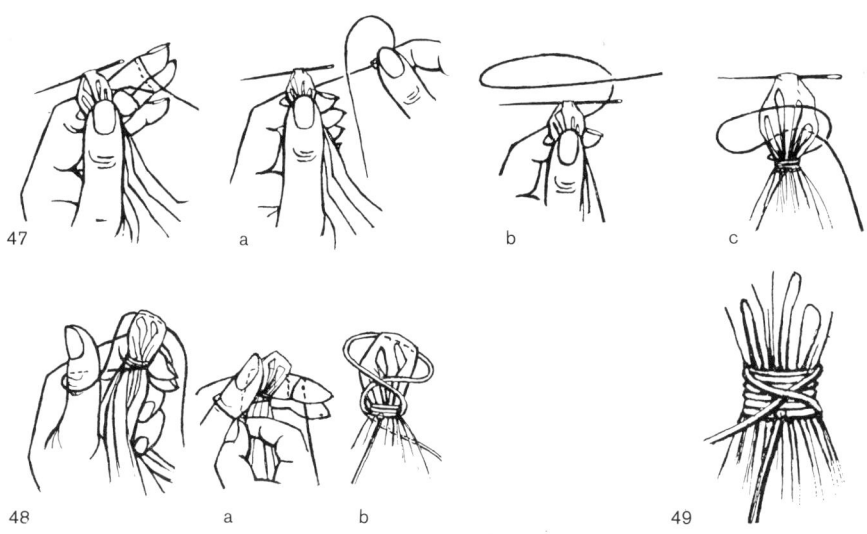

Gefärbter Bindfaden

Ungewöhnliche Ergebnisse werden erreicht, wenn mit vorher gefärbtem Faden geschnürt wird. Die Farbe wird zum Teil vom Faden auf den Stoff übertragen, was zusätzliche Effekte hervorruft. Für **eine** Arbeit können Fäden verschiedener Farben verwendet werden.
Das Färben des Fadens: Schnur, Leinen- oder Baumwollfaden lose aufwickeln. Den Strang oben und unten abbinden, damit er sich nicht verheddert. In konzentrierte Farbe tauchen. Überschüssige Farbe ausdrücken, aber nicht spülen. Zum Trocknen aufhängen oder auf Zeitungspapier legen. Dann bis zur Verarbeitung um ein Stück Pappe wickeln.

Die verschiedenen Bindearten

Obwohl die verwendete Bindfadensorte das gefärbte Muster beeinflußt, ist die Art des Abbindens ausschlaggebend.
1) Ein „Band": mit einer sehr eng und fest abgebundenen Stelle in einfacher oder doppelter Schicht wird erreicht, daß an dieser Stelle keine Farbe eindringt (50, 51).

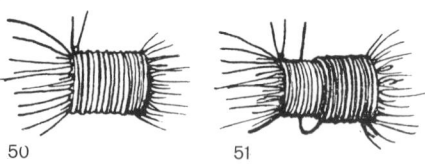
50   51

2) „Kreuzweises", „gitterartiges", spiralförmiges" oder „offenes" Abbinden bildet eine Reservefläche mit einem Muster, das sich aus der netzartigen Abschnürung ergibt (52, 53).

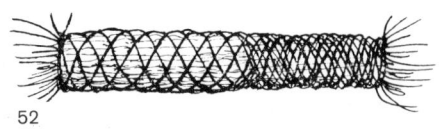
52

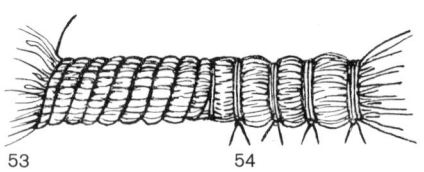
53   54

3) Das Abbinden in straffen, schmalen Linien ergibt einen sehr dünnen Reservestreifen (54).
Die Farbmenge, die man in den Stoff eindringen lassen will, wird bestimmt durch straffe oder lockere Einschnürung und durch die Färbezeit.

Musterbildung durch Abbinden

Streifen oder Bänder:

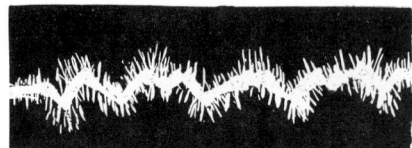

abgebundene Linien

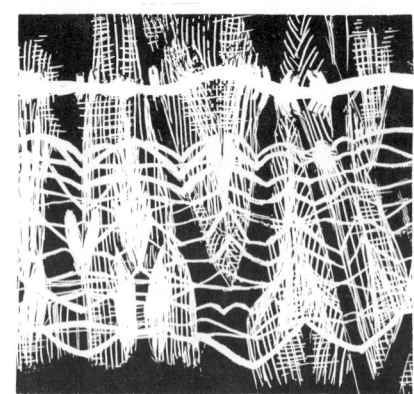

ein Bandmuster, das durch kreuzweises Abbinden entstanden ist

Bei dieser Methode bekommen die Reservestreifen einen unregelmäßigen Rand; die Stellen zwischen den abgebundenen Linien entsprechen der Breite der gefärbten Streifen.
Arbeitsweise: Den Stoff in der linken Hand zusammenraffen, (35)) wobei die rechte Stoffseite außen sein soll.
Ein Ende abbinden (36). Dann wie in Zeichnung 50 und 54 Reservestreifen vorbereiten. In Abständen die verschiedenen Bindearten wiederholen. Die Bindefäden einzeln verknüpfen oder einen fortlaufenden Faden verwenden und an jedem Streifen „Schlupfknoten" machen; dann färben und spülen. Ehe ein zweites oder drittes Mal gefärbt wird, muß mehr abgebunden werden, um die vorherige Farbe zu erhalten oder es werden die gleichen abgebundenen Stellen verändert.
Nach dem letzten Färben aufknüpfen.

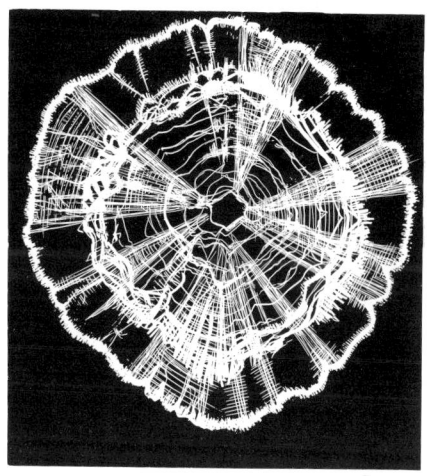

großer Kreis mit linienförmigen und kreuzweisen Einschnürungen

Kreise

Für diese Technik kann jede Stoffart verwendet werden.

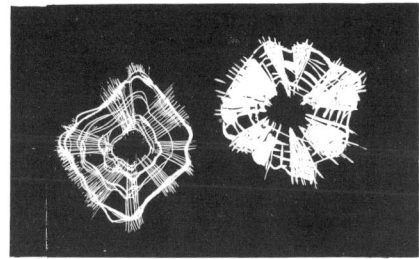

links: kleiner mit Nähseide abgebundener Kreis

rechts: kleiner, fest eingeschnürter Kreis

Arbeitsweise: Mit Bleistift die Kreismittelpunkte bezeichnen. An jedem Bleistiftpunkt (55) den Stoff hochnehmen und mit der linken Hand glatt streichen bis er wie ein geschlossener Schirm aussieht (56). Der Abstand zwischen Mittelpunkt und äußerem Ende der abgebundenen Stelle bestimmt den Radius des Reservekreises (58, 59). Jeden Kreis für sich fest (60), kreuzweise (61) oder mit Linien abbinden. Auch eine Kombination von diesen Bindearten (62) ergibt aparte Muster.
Beim kreuzweisen Abbinden arbeitet man am besten in mehreren Schichten. Den Stoff zunächst am Kreisrand umwickeln (57), dann eine Schicht „offen" diagonal zum Mittelpunkt abbinden und die zweite Schicht in der entgegengesetzten Richtung wickeln. Den Faden fest anziehen. Diesen Vorgang ein oder zweimal wiederholen und den Faden so anziehen, daß jede Schicht straffer und fester als die vorhergehende wird.

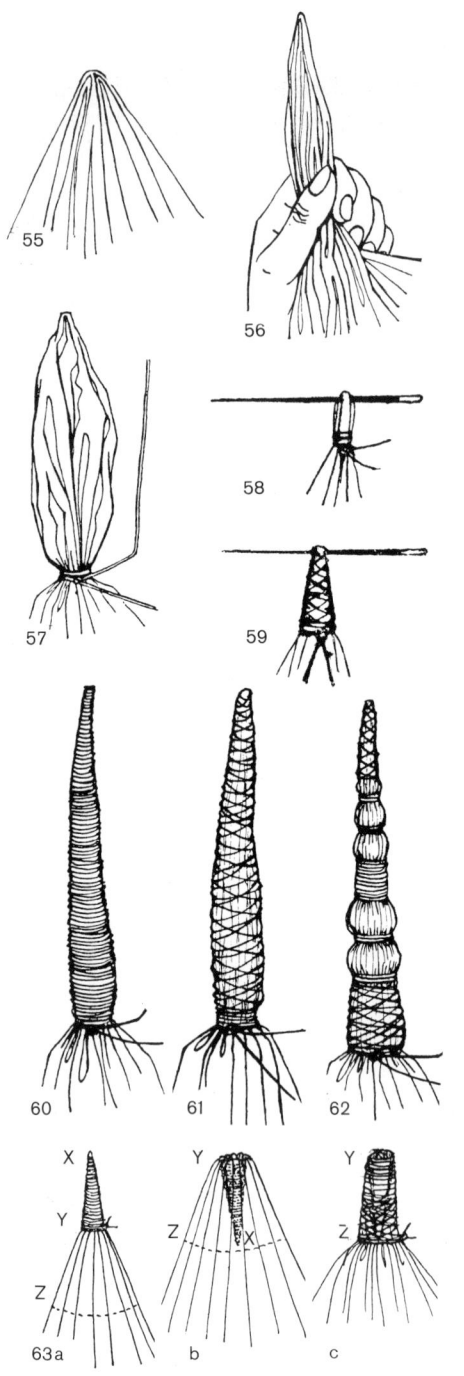

Eine vollständige Reservefläche in der Kreismitte
Arbeitsweise: Einen Punkt X als Kreismittelpunkt auf der Rückseite des Stoffes festlegen und hochheben. XY, die gewünschte Reservefläche abbinden (63a). Dann die rechte Seite des Stoffes Y nach außen drehen, so daß XY vollständig umschlossen ist (63b). YZ abbinden. Dies ergibt den äußeren Rand des Kreises (63c). Wie gewünscht färben.

Obwohl der „Kreis" eine einfache Technik ist, lassen sich durch verschiedene Anordnungen und Farben sowie durch den Gegensatz von großen und kleinen, von stärker betonten oder einfachen Formen eine Vielzahl unterschiedlicher Muster bilden.

Die verschiedenen Wirkungen beim Einfärben
Bei einmaligem Färben (z. B. blau):
1) Das Muster wie in Abbildung 57 (einfaches Abbinden) färben = weißer Ring auf blauem Grund
2) Nur die Spitze (über der abgebundenen Stelle) eintauchen = blaue Kreisfläche auf weißem Grund
3) Den Stoff nur unterhalb der abgebundenen Stelle färben = weiße Kreisfläche auf blauem Grund

Bei zweimaligem Färben (z. B. blau und rot):

1. Färben (blau)	2. Färben (rot)	Farbe des Kreises	Farbe des Grundes
Nr. 1	Nr. 2	purpurrot	blau
Nr. 1	Nr. 3	blau	purpurrot
Nr. 2	Nr. 1	purpurrot	rot
Nr. 2	Nr. 3	blau	rot
Nr. 3	Nr. 1	rot	purpurrot
Nr. 3	Nr. 2	rot	blau

Wenn fest genug abgebunden ist, treten an allen diesen Kreisen weiße Ränder auf.
Bei jedem Vorgang kann mehrfach abgebunden oder Gebundenes wieder gelöst werden; so ergibt sich eine große Vielfalt an Mustern. Die Spitzen können gebleicht oder anders gefärbt werden, außerdem kann man eine zusätzliche Farbe aufmalen.
Soll der Kreis deutlicher sein, so muß er mit Bleistift ausgezogen und mit Stichen abgeheftet werden. Dann Faden anziehen, den Kreismittelpunkt hochnehmen und wie beschrieben binden. Die Kreise können einzeln und daher verschieden gefärbt werden. Nach getrennter Behandlung können die Kreise wiederum gebunden und das ganze Muster gefärbt werden.
Einschnürungen in gleichmäßigen Abständen unterhalb des Kreismittelpunktes ergeben eine Anzahl von konzentrischen Ringen.

ein unregelmäßiger Reservering, siehe Abbildung 66 a

kleine runde und diamantförmige Formen

Das Sprenkelmuster

Punkte und eckige Formen („Diamantformen")
Zeichnungen:
Arbeitsweise: Mit Bleistift die Stellen markieren, an die eine solche Form kommen soll. Mit einer Nadel am ersten Punkt ein winziges Stückchen hochziehen (64a). Die Nähseide ein- oder zweimal direkt unter der Nadel (64b) um den Stoff wickeln. Beide Fadenenden verknüpfen, dann vollends fertig binden. Wenn das abgebundene Stück nahe an der Nadel ist, entsteht eine kleine Form. In diesem Fall ist es sicherer die Nadel stecken zu lassen, bis vollständig abgebunden und verknüpft ist (65).

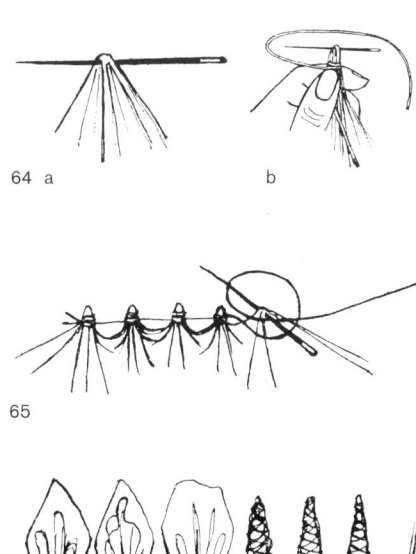

64 a   b

65

66   a   b

Eine größere Reservestelle entsteht durch einen breiter abgebundenen „Hals".
Anstelle einer Nadel kann man auch den Mittelpunkt einer Form mit Daumen und Zeigefinger vor dem Einschnüren hochziehen.
Beides sollte ausprobiert werden, um zu sehen, was zu besseren Ergebnissen führt.
Als Abschluß kann nach dem Abbinden der einzelnen Formen ein „Schlupfknoten" gemacht werden (65, 66).
Ist mehr als eine Farbe geplant, können einige Formen erst nach dem ersten Färben abgebunden werden oder man kann die bereits abgebundene Schicht verstärken, oder einige der vorher abgebundenen Stellen auflösen.
Der Mittelpunkt jeder Form wird immer ein kleiner gefärbter Fleck sein, wenn nicht vor dem Färben Wachs über die äußerste Spitze gepinselt wird. Diese gefärbte Stelle in der Mitte kann vergrößert werden, so daß die Reserveform zu einem Reservering wird (59, 66a).
Das Aufknüpfen dieser kleinen Formen wird erleichtert, wenn man den Stoff möglichst nahe am Abgebundenen beidseitig mit Daumen und Zeigefinger anfaßt und vorsichtig in Querrichtung auseinanderzieht, bis sich die abgebundene Spitze allmählich lockert.

Abwandlungen:

Eine doppelte, dreifache oder vielfache Form wird erreicht, wenn man die Mittelpunkte mit der Nadel hochhebt und sie zu einer Einheit zusammenbindet (67).
Eine größere Form mit kreuzweisem Muster: Den Mittelpunkt der Form mit einer Nadel hochziehen. Kreuzweise abbinden, dabei ungefähr einen Zentimeter darunter beginnen und bis zur Nadel abbinden. Über die erste abgebundene Schicht eine zweite legen und die beiden Fadenenden fest miteinander verbinden (59).
Eine unregelmäßige Form: Den Stoff doppelt legen, so daß die Bleistiftmarkierung auf dem Stoffbruch ist. An jedem Punkt ein kleines Stück des gefalteten Tuches mit Daumen und Zeigefinger der rechten Hand hochziehen (69), dann darunter abbinden (70, 71) und einen Schlupfknoten machen.
Der Faden kann von einer Form zur nächsten weitergeführt werden (66b).
Ein unregelmäßiger Reservering entsteht auf dieselbe Art wie die unregelmäßige Form, nur daß das Abbinden auf eine sehr schmale Linie begrenzt wird; dadurch kann die Farbe in die Mitte der Form (66a) eindringen.
Eine Rauten- oder Diamantform: Den Stoff zusammenfalten (72), dann in vier Lagen legen, so daß die Bleistiftmar-

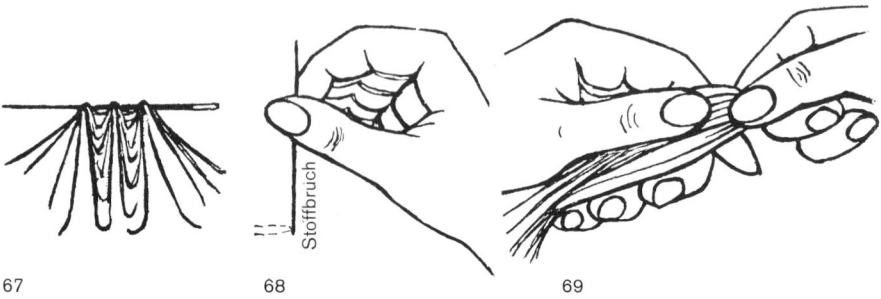

67   68   69

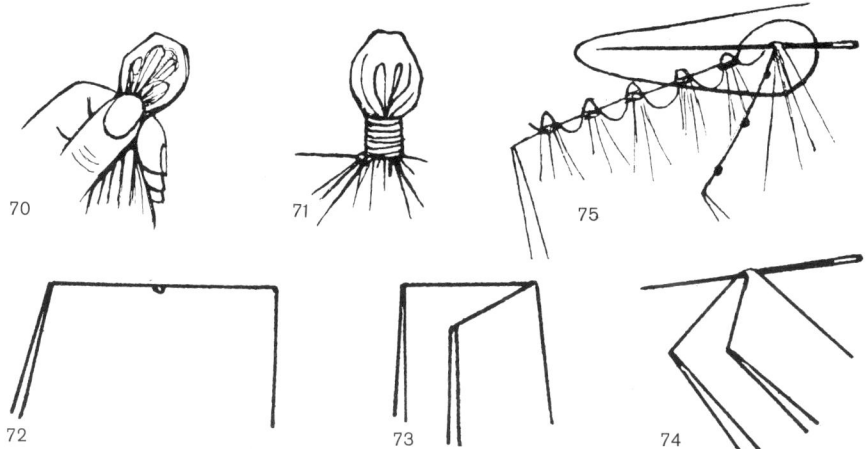

kierung, die den Mittelpunkt der Raute darstellt, am inneren Rand des zusammengefalteten Stoffes liegt (73). Direkt unter der Bleistiftmarkierung fest abbinden. Um das Abbinden zu erleichtern, steckt man am besten eine Nadel durch die Markierung (74).
Die Breite der abgebundenen Stelle bestimmt die Größe der Raute.
Mehrere „Diamantformen" als Reihe: Wenn nötig, den Stoff doppelt falten, längs der Linie auf der die „Diamantformen" geplant sind, den Stoff zusammenstecken oder abheften. Mit Bleistift den Platz der einzelnen Diamantformen markieren.
An der ersten Markierung den doppelt gefalteten Stoff noch einmal falten. Das ergibt vier Lagen (73). Direkt unter der Bleistiftmarkierung, an der Spitze des so entstandenen rechtwinkligen Eckes abbinden (74). An jeder Markierung dasselbe wiederholen, wobei der Faden von einer Markierung zur anderen weitergeführt wird (75). An jeder Markierung einen doppelten „Schlupfknoten" machen. Wie gewünscht färben.
Es ist möglich, durch vorsichtiges Ziehen am Stoff während des Abbindens eine runde oder diamantförmige Form zu erhalten. Längs und quer ziehen, wenn eine Kreisform, und schräg, wenn eine „Diamantform" entstehen soll.

Das „Bündeln"

Der Name dieser Technik läßt sich von den kleinen überstehenden Stückchen Stoff oder „Bündeln" ableiten, die beim Zusammenschnüren entstehen.

„Bündel" von verschiedenen Größen in einem Muster. Das große „Bündel" wurde doppelt gebunden (Abb. 84)

23

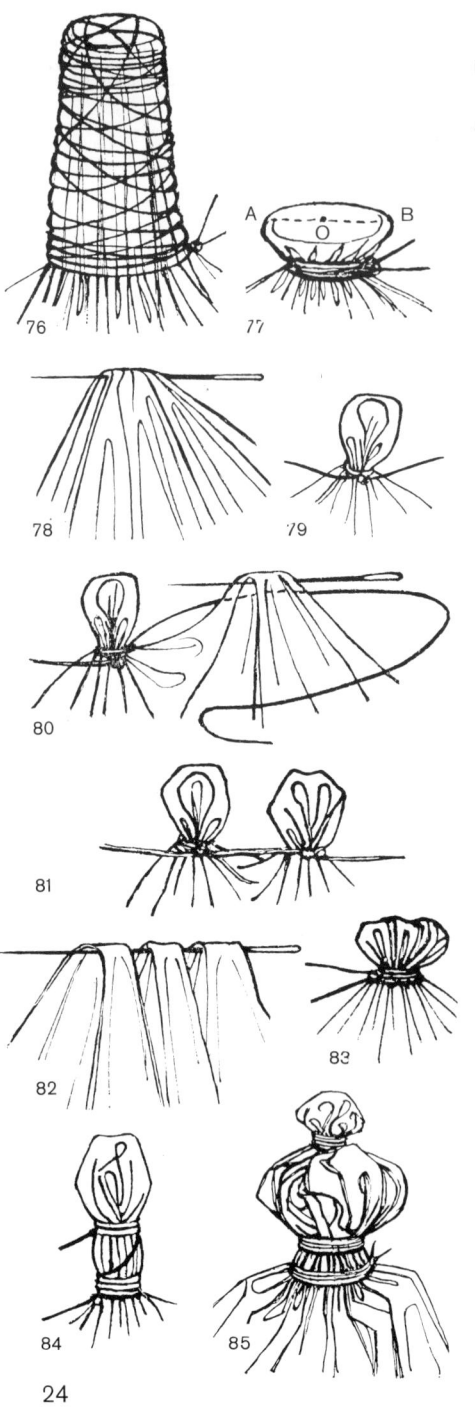

Der Stoff selbst wird zusammengerafft und zusammengeschnürt; es können auch kleine Gegenstände wie Samenkörner, Erbsen, Bohnen, Getreidekörner, Kieselsteine, Muscheln, Kork, Perlen, Knöpfe, Fadenspulen, Holzstückchen usw. mit in den Stoff hineingeknüpft werden.

Das „Zusammenbündeln" des Stoffes
Das Muster festlegen und mit Bleistift markieren. Ein Stück Stoff an der ersten Markierung auf eine Nadel spießen (78), abbinden und einen Knoten machen (79). Den Faden zur nächsten Markierung weiterführen, das zweite „Bündel" (80) abbinden usw. die ganze Markierungslinie entlang. An jedem „Bündel" einen Schlupfknoten machen (81). Zwei, drei oder vier „Bündel" können mit der Nadel aufgespießt und als ein „Bündel" zusammengebunden werden (83). Wenn sie nahe genug zusammen sind, bilden sie eine größere, mehr in die Länge gezogene Reserve-

In den Stoff eingebundene Gegenstände
Nachdem man sich entschieden hat, welche Gegenstände in den Stoff eingebunden werden sollen, sammelt man am besten soviel davon, daß sie für das ganze Muster ausreichen. Mehrere Arten in verschiedener Größe können in einem Muster kombiniert werden.
Das Muster auf dem Stoff festlegen. Dazu kann eine Linie mit Bleistift gezogen oder ein Kniff in den Stoff gemacht werden. Außerdem kann man mit Bleistift die Stellen des einzelnen „Bündels" anzeichnen.
Die Bleistiftpunkte sollten weit genug voneinander entfernt sein, damit sich der Stoff um jeden Gegenstand wickeln läßt. An einem Probebündel stellt

man fest, wieviel Stoff benötigt wird. Am Ende einer Linie beginnen. Beim ersten Bleistiftpunkt einen Gegenstand unter das Tuch schieben (77), und zwar so, daß die Bleistiftlinie A-B in der Mitte verläuft. Dann unter dem Gegenstand, der jetzt in den Stoff eingehüllt ist, abbinden (77). Mit dem Bindefaden einen Knoten machen (79). Den nächsten Gegenstand zurechtrücken und mit dem Faden, der vom ersten Bündel (80) hergeführt wird, abbinden und einen Schlupfknoten machen. Dies der ganzen Linie entlang fortsetzen. Wenn entlang der Bleistiftlinie oder des Kniffs keine Bleistiftpunkte angezeichnet sind, werden die Gegenstände so eng wie möglich aneinandergerückt. Soll ein spiralförmiges oder kreisförmiges Muster entstehen, beginnt man mit dem Einbinden der Gegenstände in der Mitte des Musters.

Bei einem rechteckigen Stück Stoff arbeitet man von einer Seite zur anderen, oder vom Mittelpunkt nach außen. Nie die Gegenstände, die außen sind, zuerst einknüpfen. Wenn ein sehr deutlicher Hals (77) vorhanden ist, und die Bündel eng beieinander sind, bleibt das Zusammengebundene straff, ohne daß ein Knoten nötig ist.
Nach dem Einbinden den Faden weiter zum nächsten Bündel führen. Dabei darf der Faden zwischen den Bündeln nicht durchhängen. Der Vorteil dieser Methode liegt in der Vereinfachung des Aufknüpfens; das Zusammengeschnürte kann sehr leicht aufgeknüpft und der Faden zur weiteren Verwendung auf ein Stück Pappe aufgewickelt werden. Wenn das Zusammenknüpfen beendet ist, das Musterstück kurze Zeit in die Farbflotte eintauchen. Bei dieser Technik sind auch schon bei einmaligem Färben die Ergebnisse gut.

Abwandlungen:
1) Die Bündel mit vorher gefärbtem Faden abbinden.
2) Faden verschiedener Stärke verwenden.
3) Nach dem ersten Färben noch mehr zusammenschnüren und in einer zweiten Farbe färben.
4) Einige der geplanten Bündel erst vor dem zweiten oder dritten Färbgang abbinden.
5) Auf die Spitzen der Bündel eine Kontrastfarbe malen.
6) Wünscht man einen zweifarbigen Hintergrund wird der Stoff nach dem Bündeln und dem ersten Färben wie beim „Marmorieren" zusammengeknüllt und zusammengeschnürt. In einer zweiten Farbe färben.
7) Die Breite der zusammengeschnürten Hälse verändern (71) oder doppelt abbinden - eine Linie über der anderen (84).
8) Das Muster so anlegen, daß es durch verschieden geformte Gegenstände abwechslungsreich wird, verschieden große Abstände bilden oder große und kleine Gegenstände in einem Muster kombinieren.
9) Mehrere Gegenstände übereinandersetzen. Zuerst einen ganz kleinen Gegenstand in den Stoff einbinden, dann darunter einen etwas größeren usw. (85). Jede Schicht kann in einer anderen Farbe gefärbt werden.
10) Das Tuch falten ehe es über den Gegenstand gebunden wird.
11) Das Tuch drapieren, ehe die Gegenstände eingebunden werden.
12) Mit Bleichmitteln Versuche machen; achtgeben, daß das Bleichmittel das übrige Muster nicht befleckt. Zum Schluß gründlich spülen.

Ausschlaggebend für einen Erfolg sind:

Die Drapierung des Stoffes

Er kann vorher gefaltet, genäht oder drapiert werden, oder er kann auf oder um einen Gegenstand gewickelt werden.

Das Binden

Die Fadenarten, die sehr verschieden sein können, ebenso wie die „Dichte" des Zusammengeschnürten, spielen eine große Rolle hinsichtlich des sich ergebenden Musters. Ein Muster entsteht nur an den Stellen, an denen der Stoff fest genug abgebunden ist, um eine Reservestelle zu bilden.

Einlagen

Sie sollen den drapierten Stoff stützen und so Stellen bilden, an denen straff abgebunden werden kann. Die Form, die Größe und die Struktur der Einlagen bestimmen das fertige Muster. Holzstückchen, große Steine, Korkstücke und Gegenstände aus Plastik sind hierfür ideal.
Alle Stellen, die so glatt sind, daß nicht fest genug abgebunden werden kann, um eine Reservestelle zu erreichen, werden mit einer dicken Schicht Zeitungspapier ausgestopft. Den umwickelten Gegenstand in allen Richtungen umschnüren.

Das Falten

Viele Muster und Effekte, besonders Streifen können durch die Falttechnik in Verbindung mit der Bindetechnik entstehen.
Ganz schmale Streifen sollten auf die feineren Gewebe beschränkt werden; die meisten Stoffarten eignen sich jedoch für mittelbreite oder breite Streifen.
Stark gedrehtes Baumwollgarn und Faden verwendet man zum Abbinden feiner Stoffe; für grobes Gewebe oder breite Streifen empfiehlt sich ein stärkerer Faden oder ein entsprechendes Garn. Ein umfangreiches, zusammengeschnürtes Musterstück sollte länger im Farbbad liegen, damit die Farbe in die inneren Falten eindringen kann.

Bei dieser Technik unterscheiden wir vier Hauptgruppen:
einfache Streifen,
ein einzelner oder Randstreifen,
gefaltete Quadrate,
die „Seiltechnik".

Einfache Streifen

Streifen können schnell und leicht auf ein Stück Stoff als Hintergrund für Drucke, Stickerei usw. gefärbt werden, oder als erste Stufe eines Entwurfes, über den noch ein anderes, ausgeprägteres Muster gelegt wird.

Zwei Reservestreifen. Das Tuch in Richtung der Streifen in der Mitte zusammenfalten (86). Den Stoff im rechten Winkel zu der ersten Faltung in Zickzackfalten legen (87, 88); sie brauchen nicht ganz präzise zu sein. Das Bündel fest umschnüren (89). Während des Färbens die Falten auseinanderziehen, damit die Farbe in die inneren Falten eindringen kann (90).
Vor dem zweiten Färben noch mehr abbinden (91). Die Falten können auf jeder Seite des abgebundenen Bandes anders gefärbt werden (92). Leicht verschiedene Streifen erhält man, wenn ein Ende des Bündels völlig abgebunden wird (93, 94). Vor dem zweiten Färben noch mehr abbinden (95, 96).

Vier Reservestreifen. Das Tuch in Richtung der geplanten Streifen in der Mitte falten. Jede Seite noch einmal zur Mitte hin falten, so daß sich vier Lagen Stoff ergeben (97). Im rechten Winkel dazu Zickzackfalten legen. Das Bündel zusammenschnüren (87, 88, 89) und färben.
Die Häufigkeit des Faltens bestimmt die Anzahl der entstehenden Reservestreifen.

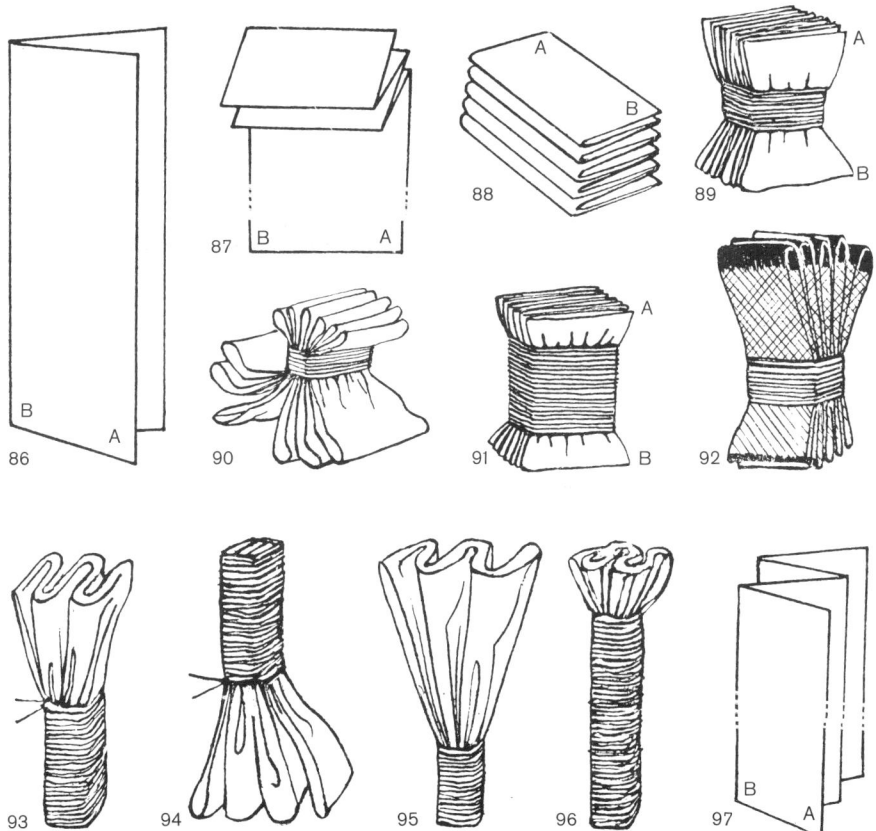

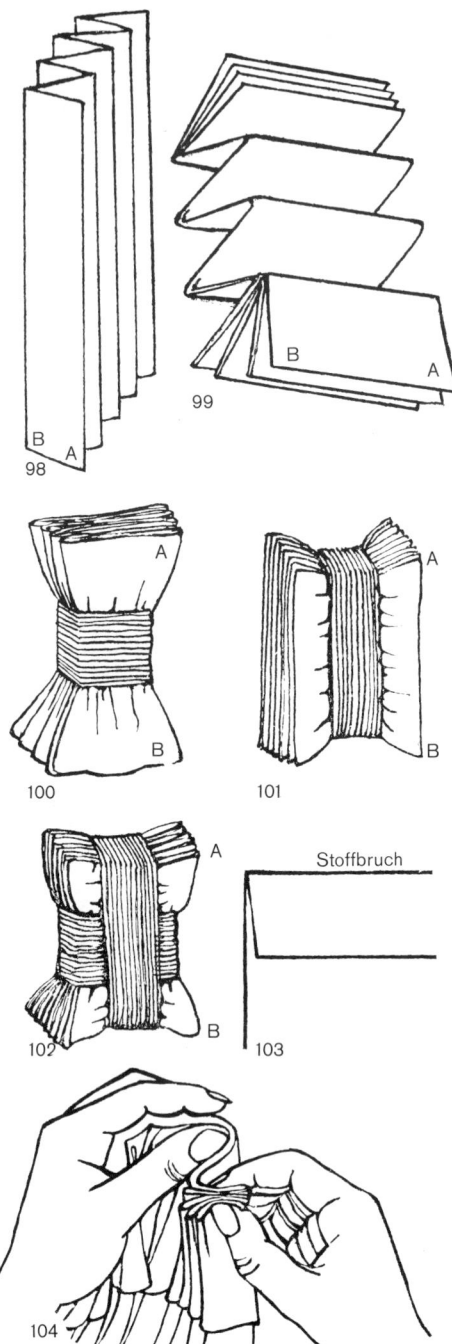

Eine größere Anzahl von Streifen. Um die Mitte jedes Streifens festzulegen, wird eine Linie gezogen und ein Kniff gemacht: Zickzackfalten machen (98). Im rechten Winkel dazu nochmals Falten legen. Das Bündel in der Mitte zusammenschnüren (100) und färben; dabei die Falten auseinanderziehen, so daß die Farbe gut eindringen kann (90). Längere Zeit in der Farbflotte liegen lassen. Die Spitzen der Falten können zusätzlich in einer anderen Farbe gefärbt werden (92).
Das Abgebundene lösen; dann im rechten Winkel dazu das Bündel frisch zusammenschnüren (101). In einer zweiten Farbe färben.
Bevor aufgeknüpft wird, kann im rechten Winkel zu der ersten Abbindung noch einmal zusammengeschnürt werden (102).

Ein einzelner Streifen oder Randstreifen

Diese Streifen können in jeder beliebigen Richtung auf dem Stoff angeordnet werden: waagrecht, senkrecht oder diagonal. Sie können parallel zu einander oder ganz willkürlich verlauten. Wenn man eine Reihe von Parallelstreifen in einer Richtung auf den Stoff gefärbt hat, kann man im rechten Winkel dazu eine zweite Lage abbinden, so daß sich ein gitterartiger Effekt ergibt.

Das Färben eines einzelnen Randstreifens. Auf dem Stoff die Mitte des Streifens aufzeichnen. Entlang dieser Linie den Stoff falten (103), und wenn nötig abheften, damit der Streifen gleich breit bleibt.
Rechts beginnend, diesen gefalteten Rand mit Daumen und Zeigefingern in kleine Zickzackfalten legen (104, 105).

28

Dabei ist es wichtig, daß die Falten wirklich exakt aufeinanderliegen. Besonders die obere Kante muß geradlinig verlaufen (106). Das Bündel im Abstand der halben Breite des gewünschten Streifens (107 a) fest zusammenschnüren. Den Rand in eine flache Schüssel eintauchen, die gerade so viel Farbe enthält, daß sie bis zu der abgebundenen Linie reicht. Um sicherzugehen, daß die Farbe durch die vielen Falten bis zu der abgebundenen Linie gelangt, die Falten vorsichtig auseinanderziehen. Die Farbe darf nicht über die abgebundene Linie hinausgehen.
Wenn das Färben beendet ist, entfernt man die überschüssige Farbe indem man den gefärbten Teil des Stoffes gegen den Rand der Schüssel drückt (109). Möglichst Gummihandschuhe tragen. Die gefärbte Stelle sofort spülen und in saugfähigen Tüchern oder in Zeitungspapier gut ausdrücken.
Wird eine zweite Farbe verwendet, muß näher am oberen Rand abgebunden werden (107 b). Dann färben wie zuvor (107 a, 108, 109). Die äußersten Ränder können in einer dritten Farbe eingefärbt werden; man kann die Ränder fest auf einen mit Farbe getränkten Lappen drücken, oder Farbe mit einem Pinsel auftragen. Nach dem Färben können die Ränder der Falten kurz in ein Bleichmittel getaucht werden. Vor dem ersten oder zweiten Färben kann Wachs auf die Spitzen der Falten aufgetragen werden.

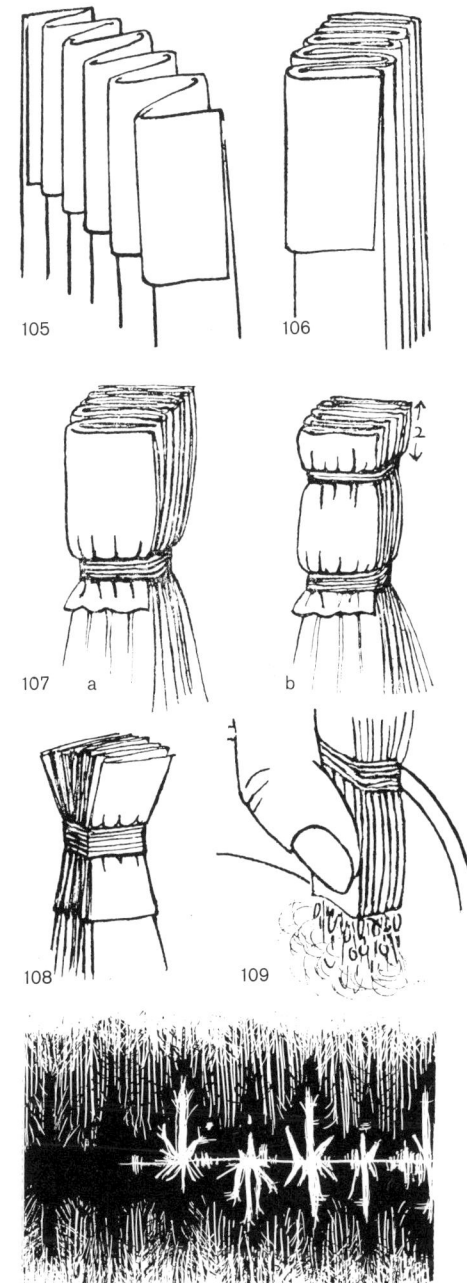

breiter Streifen, bei dem der äußere Rand (rechts) gebleicht wurde

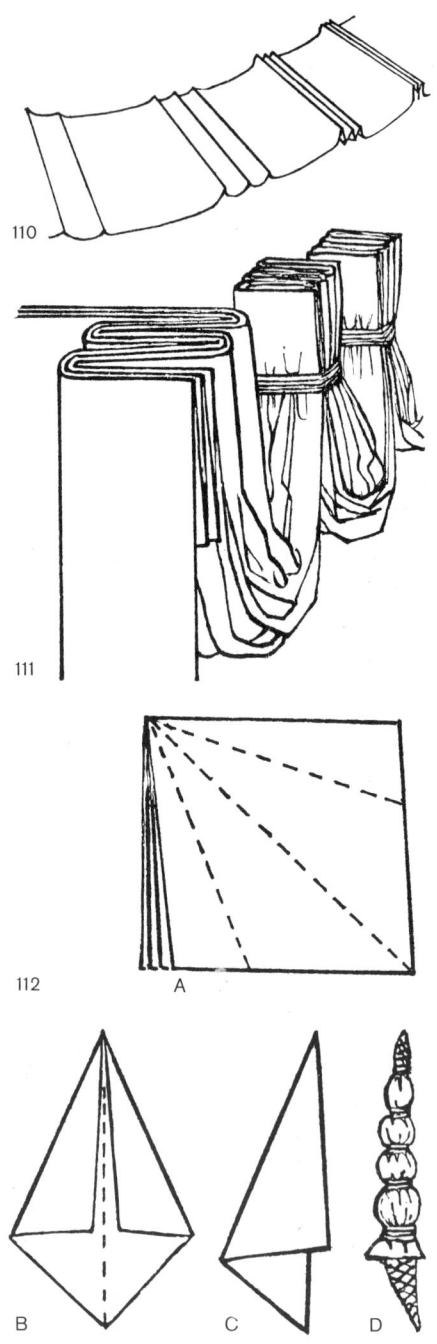

Mehrere Streifen. Sind mehrere Streifen geplant, markiert man sie auf dem Stoff. Jeden Streifen für sich falten, binden und färben. Den fertigen Streifen mit altem Stoff umwickeln, während an dem nächsten Streifen gearbeitet wird. So wird das Verklecksen des fertigen Stücks verhindert.
Wird sehr feiner Stoff verwendet, können mehrere Falten aufeinandergelegt werden (110). Feststecken oder zusammenheften, damit sie nicht auseinanderfallen.
Dann diese Faltengruppe wie eine Falte zusammenfalten (111). Dabei muß man sehr sorgfältig vorgehen, weil die Falten peinlich genau gemacht sein müssen; die Ränder müssen alle geradlinig sein.
Jede Faltengruppe einzeln als einen Streifen färben.
Nach den bisher gegebenen Anweisungen ergeben sich gefärbte Streifen auf einem ungefärbten Hintergrund.
Soll der ganze Stoff gefärbt werden, muß jedes Faltenbündel so dicht abgebunden werden, daß die vorher gefärbte Stelle vollständig bedeckt ist.

Gefaltete Quadrate

Es gibt viele Möglichkeiten, ein Stoffquadrat zu falten, zu binden und zu färben. Für die ersten Versuche empfiehlt sich eine Größe von ungefähr 20 x 20 cm.
Arbeitsweise: In vier Teile falten, dann diagonal, so daß ein Dreieck entsteht. Zum Schluß an den Ecken oder an anderen Stellen abbinden und färben. Ehe weitere Farben angewandt werden, die abgebundenen Linien verändern.
Andere Beispiele sind: 112 A, B, C, D; 113 A, B, C; 114 A, B, C; 115 A, B, C.

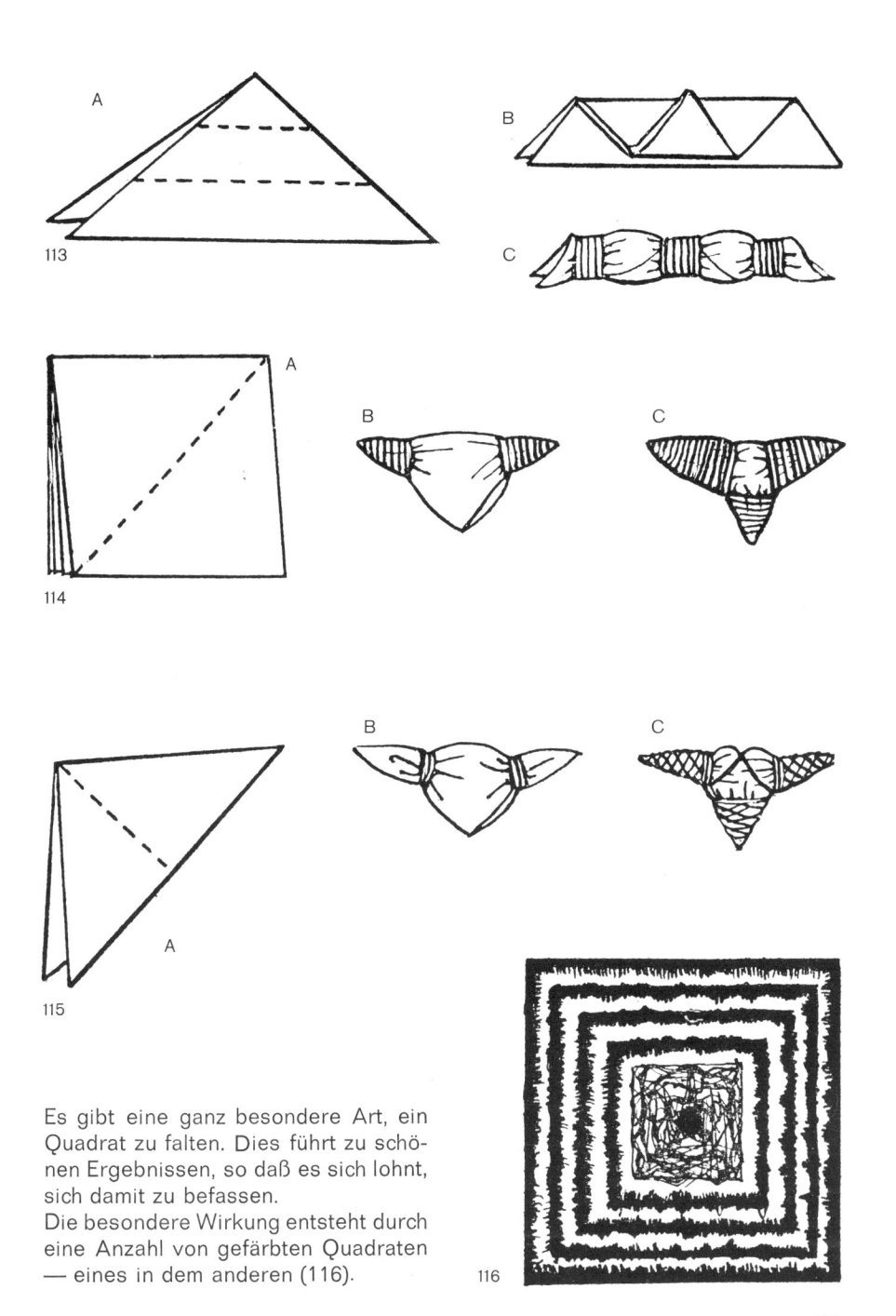

Es gibt eine ganz besondere Art, ein Quadrat zu falten. Dies führt zu schönen Ergebnissen, so daß es sich lohnt, sich damit zu befassen.
Die besondere Wirkung entsteht durch eine Anzahl von gefärbten Quadraten — eines in dem anderen (116).

Ein Stück Stoff A B C D beliebiger Größe nehmen; Mittelpunkt O (117). Diagonal falten, so daß A mit C zusammenfällt. Einen Kniff machen und wieder entfalten. Ebenso B auf D falten, kniffen und wieder auffalten. Die Ecken A und D — B und C aufeinanderlegen. Wir haben nun ein Dreieck A O B (119). Alle Außenlinien des Quadrates liegen auf der Linie A B. Die Strecke A B halbieren; das ergibt den Punkt X. Entlang der Linie A B (120) Zickzackfalten legen, so daß A und B in X beinahe zusammenstoßen (121). Es ist wichtig, daß alle Ränder zwischen A, X und B geradlinig verlaufen. Um die Linie O — X nach außen falten (122). Am unteren Rand, parallel zur Linie A X B einschnüren; das bedeutet, daß diese abgebundene Linie mit der Fadenrichtung des Stoffes übereinstimmt. Weiter oben an mehreren Stellen, noch einige Male zusammenschnüren, parallel zu der ersten abgebundenen Stelle. Eine kleine Stelle um O kann kreuzweise (gitterartig) abgebunden werden (123). Längere Zeit in der Farbflotte liegen lassen, damit die Farbe in die innersten Falten eindringen kann. Spülen und trocknen. Ehe eine zweite oder dritte Farbe verwendet wird, noch mehr abbinden (124).

Der Mittelpunkt O kann in eine kräftige Farbe getaucht werden, ebenso die unteren Ränder A X B.

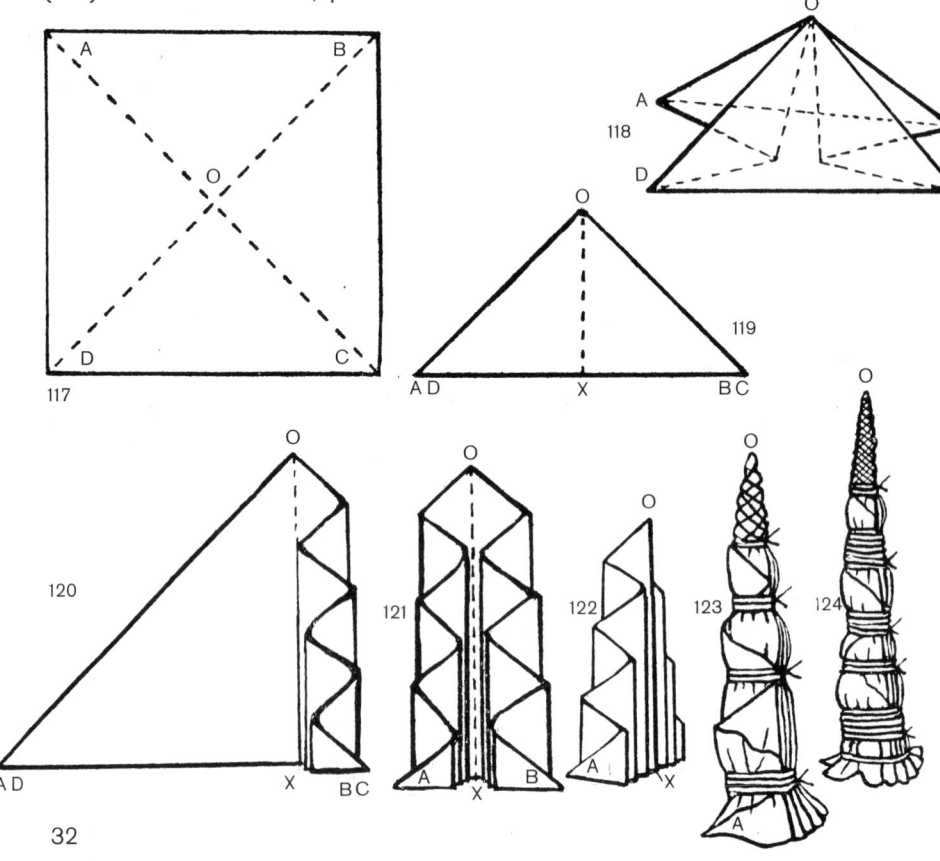

(Zu den Abbildungen auf der nebenstehenden Seite: die Zickzackleiste unten rechts ist in Zeichnung 292/293 erläut

oben links: dieses Muster ist zusammengesetzt aus „gerüschten" Bändern mit genähten Ovalen und aus Reihen von abgenähten Reservelinien;
oben rechts: einfache Streifen;
unten links: Randstreifen mit gefärbtem Grund;
unten Mitte: gefältelte Diamantform (Abwandlung eines gefältelten Ovals), darunter ein breites Band aus Überwendlichstichen, das links Effekte von zusätzlichen Stichen in entgegengesetzter Richtung zeigt;
unten rechts: Zickzackleiste in der spiralförmigen „Schlauchmethode" (Zeichnung 306/307).

oben: dieser rechteckig zugeschnittene Seidenstoff wird zuerst längs, dann quer gefaltet, an dem so entstandenen Stoffbruch ein Dreieck geheftet und zusätzlich abgebunden;

unten: dieses Muster auf Seidenstoff entsteht durch die spiralförmige „Schlauchmethode" mit einer waagerechten Falte.

Diese Diamantformen entstehen durch Schrägziehen des Stoffes während dem Abbinden (hier ein Seidenstoff).

Ausschnitt aus einer Arbeit mit sich wiederholendem Muster. Es entsteht durch Einbinden verschieden großer Steine, die feinen weißen Linien bilden sich durch Umwickeln der eingebundenen Steine.

Die „Seiltechnik"

Streifen. Diese besondere Technik stammt aus Westafrika. Im allgemeinen werden schmale Stoffstreifen verwendet, damit die Farbe in die eng zusammengeschnürten Falten eindringen kann. Wenn die Stoffstreifen gefaltet und zusammengebunden sind, ähneln sie Seilen — daher der Name. Wenn der Stoff fein ist, können auch größere Stücke so behandelt werden.
Das Muster entsteht aus Streifen oder „Bändern". Wenn das „Seil" besonders groß und dick ist, empfiehlt es sich, länger zu färben. Sind mehrere Farben geplant, sollte man die ersten abgebundenen Linien mindestens in einer Entfernung von 2 bis 5 cm anordnen. Dann kann beim ersten Färben die Farbe bis zu der abgebundenen Linie und in die inneren Falten vordringen.
Arbeitsweise: Entlang von Kette oder Schuß parallele Linien ziehen. Abstand etwa 2,5 cm (126).
An jeder Linie einen Kniff machen (127). Sehr genau zusammenlegen (Zickzackfalten). Es geht leichter, wenn man die Falten bügelt und mit Stecknadeln feststeckt. Man kann auch die Falten locker zusammenbinden (128).
Abbinden, um Reservestreifen zu erzielen (129). Die nicht zusammengeschnürten Stellen ergeben die gefärbten Streifen. Kreuzweises Abbinden ergibt Bänder.
Anders binden, ehe eine zweite oder dritte Farbe angewandt wird (130, 131).

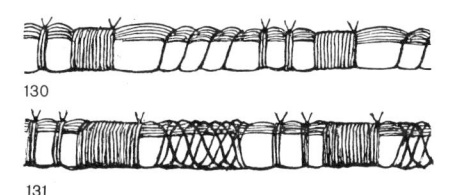

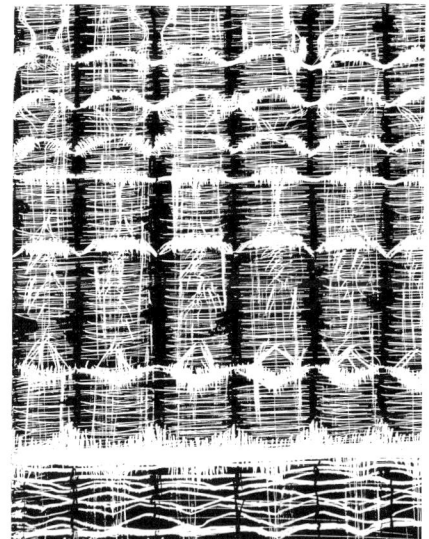

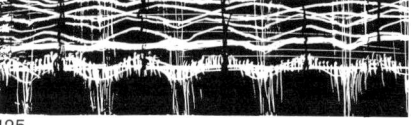

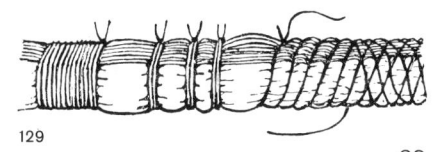

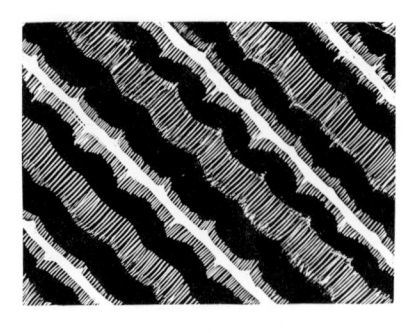

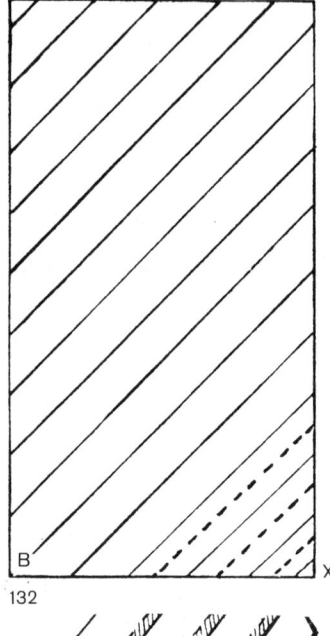

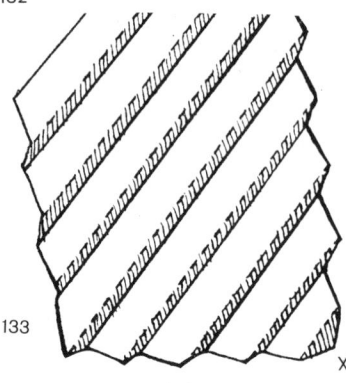

Diagonale Streifen. Dies ist eine Abwandlung der Seiltechnik. Der Stoff wird diagonal gefaltet, also nicht in Ketten- und Schußrichtung wie vorher. Die Streifen, die im rechten Winkel zu diesen Falten entstehen, erscheinen deshalb diagonal auf dem Stoff.
Feines bis mittleres Material kann hierfür verwendet werden, unabhängig vom Abstand der Streifen.
Arbeitsweise: Im Abstand von 2,5 cm parallele Linien ziehen, beginnend an der Ecke X (132). Wenn der Stoff groß ist, kann man die Linien weiter auseinanderlegen oder unterschiedliche breite Linien für Zickzackfalten machen. Der Winkel, in dem die parallelen Linien gezogen werden, bestimmt die Richtung der gefärbten Streifen.
An jeder gezogenen Linie einen Kniff machen (133). Diagonale Zickzackfalten legen (135). Am besten ein Bügeleisen verwenden und den Stoff mit Stecknadeln zusammenstecken. Die Reservestellen im rechten Winkel zu den Falten abbinden (136).
Nach dem ersten Färben anders oder noch zusätzlich abbinden, ehe weitere Farben verwendet werden.

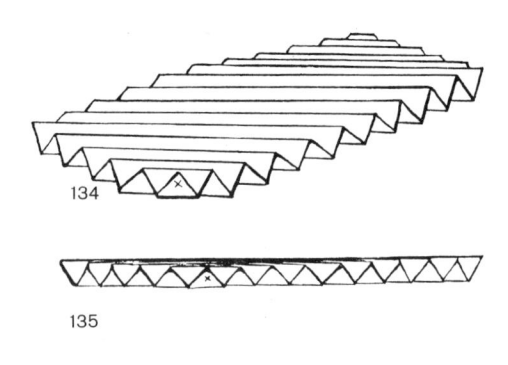

132

133

134

135

136

Gittereffekt. Dieser entwickelt sich aus den diagonalen Streifen und wird in zwei Arbeitsgängen durchgeführt.
Mit Bleistift diagonale Linien ziehen, beginnend an der Ecke X. Zickzackfalten legen, binden, färben, spülen und trocknen (132—136). Aufknüpfen, und die Kniffe ausbügeln.
Der erste Arbeitsgang wird wiederholt, nur werden jetzt die parallelen Linien von der Ecke B (132) anstatt von X aus gezogen. Dies bedeutet, daß sie zu den vorherigen Linien im rechten Winkel stehen. Falten, binden, färben, spülen, trocknen und aufknüpfen.
Bei jedem Arbeitsgang kann mehr als eine Farbe angewandt werden, wenn anders gebunden wird. Beidesmal können die Farben gleich oder kontrastierend sein.
Wenn man einen regelmäßigen Gittereffekt erreichen will, sollten die ersten und die zweiten Linien denselben Winkel und denselben Abstand haben.
Bei einem Quadrat die Linien in einem Winkel von 45° von Ecke X aus (137) ziehen, Falten (138). Das gefaltete Musterstück in der Mitte zusammenlegen und binden (139). Den Bruch nicht abbinden (140). Wie gewünscht färben. Wenn ein Gittereffekt gewünscht wird, den ganzen Vorgang wiederholen, jedoch bei Ecke B beginnen.

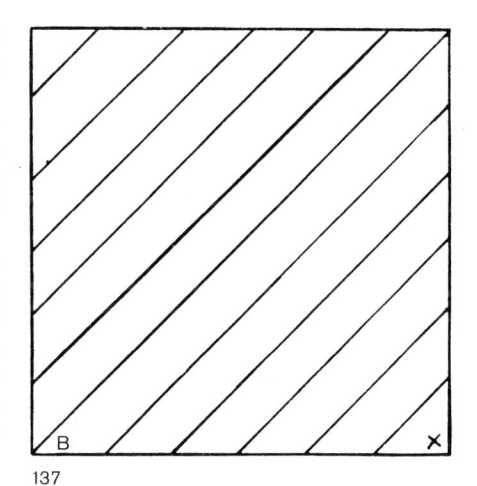

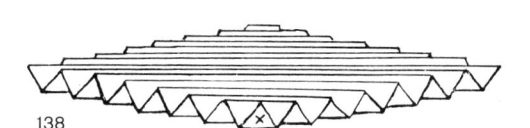

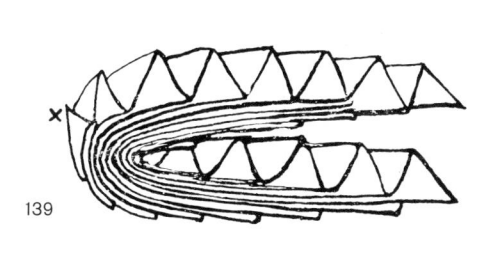

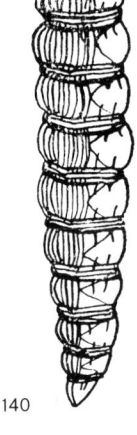

137

138

139

140

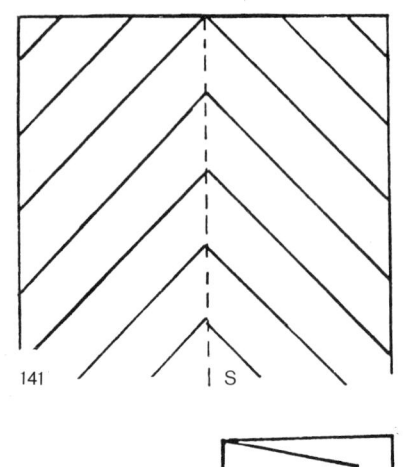

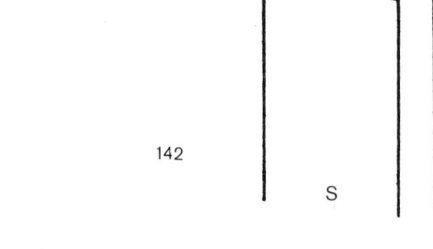

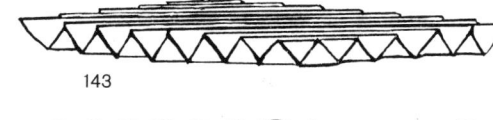

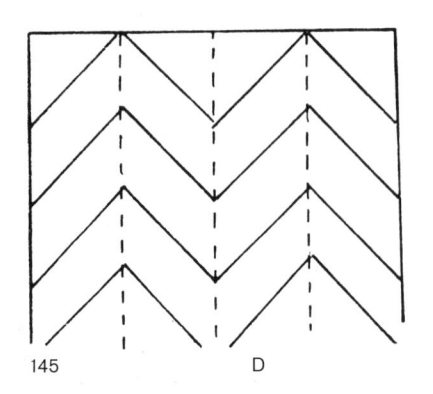

Zickzack-Streifen. Dies ist auch eine Abwandlung der diagonalen Seiltechnik. Hier wird der Stoff der Länge nach zusammengefaltet ehe die parallelen Linien gezogen werden.

Die Größe des Stoffes spielt keine Rolle; gröbere Stoffe sind unbrauchbar.

Arbeitsweise für einen einzelnen Zickzackstreifen (141): Den Stoff der Länge nach in der Mitte zusammenlegen (142). Die Webkanten mit Nadeln zusammenstecken oder zusammennähen. Den doppelten Stoff so bearbeiten, als läge er einfach. Parallele Linien diagonal von einer Ecke aus ziehen und Kniffe machen. Zickzackfalten legen (143), abbinden (144) und färben.

Wenn eine zweite oder dritte Farbe verwendet werden soll, mehr abbinden.

Mehrere Zickzacklinien: Werden zwei Zickzacklinien gewünscht (145), den Stoff der Länge nach in der Mitte zusammenlegen, dann jede Webkante noch einmal zur Mitte hin zurückschlagen, so daß sich vier Lagen ergeben (146).

Dann genau so weiterarbeiten wie bei der einfachen Zickzacklinie (143, 144, 147).

36

Wenn drei Zickzacklinien gewünscht werden, den Stoff der Länge nach dreimal doppelt falten. Das ergibt sechs Lagen Stoff; für vier Zickzacklinien vier doppelte Falten und acht Lagen Stoff usw..
Weiterarbeiten wie bei der einzelnen Zickzacklinie.
Um das Abbinden bei den verschiedenen Techniken mit diagonalen Streifen abzukürzen, besonders dann, wenn man ein langes, dünnes Stoffstück hat, bindet man eine schmale Stelle in der Mitte des „Seils" ab, legt dann die beiden Enden des Musterstücks aufeinander und schnürt zusammen (140).

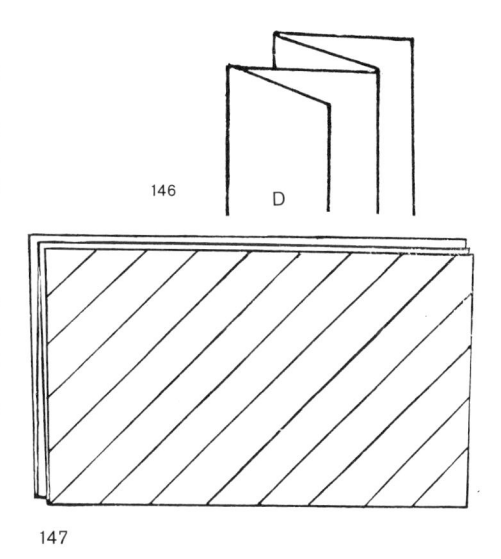

Die Nähtechnik oder Tritik

Für diese Technik eignen sich feine und mittlere Stoffe.

Der Erfolg hängt hauptsächlich von der Fähigkeit ab, den Stoff mit dem Faden so eng zusammenzuziehen, daß die Farbe nicht in die Falten eindringen kann.
Es ist deshalb unbedingt wichtig, daß sehr starker Faden verwendet wird, der nicht mitten in der Arbeit abreißt und das Gewicht des eng zusammengezogenen Stoffes während des Färbens aushält.
Einfach verwendeter Leinen-Teppich-Faden eignet sich gut dafür. Man nimmt ihn doppelt, wenn er besonders stark sein muß. Stopfnadeln sind besser als gewöhnliche Nähnadeln, da man den dicken Faden leichter einfädeln kann. Es gibt eine Regel, die für alle Nähmethoden gilt: immer vor dem Nähen einen großen Knoten in den Faden machen.

Sobald der Faden ausgefädelt oder abgeschnitten wird, ebenfalls einen großen Knoten machen. Nie ein loses Ende ohne Knoten hängenlassen! Wenn die abgenähten Linien über den ganzen Stoff gehen, alle Knoten an den Rändern machen.
Beim Anziehen des Fadens gleichzeitig den Stoff vorsichtig schieben, bis er an einem Ende zusammengepreßt ist. Sich vergewissern, daß der Knoten am Fadenende fest genug ist, um den Stoff halten zu können.
Nachdem der Faden fest angezogen worden ist, hängt der Enderfolg davon ab, ob dann mit einem Knoten, der während des Färbens nicht im geringsten nachgibt, gut gesichert wird. Dieser Knoten muß dafür sorgen, daß die Falten des Stoffes eng zusammengepreßt bleiben.

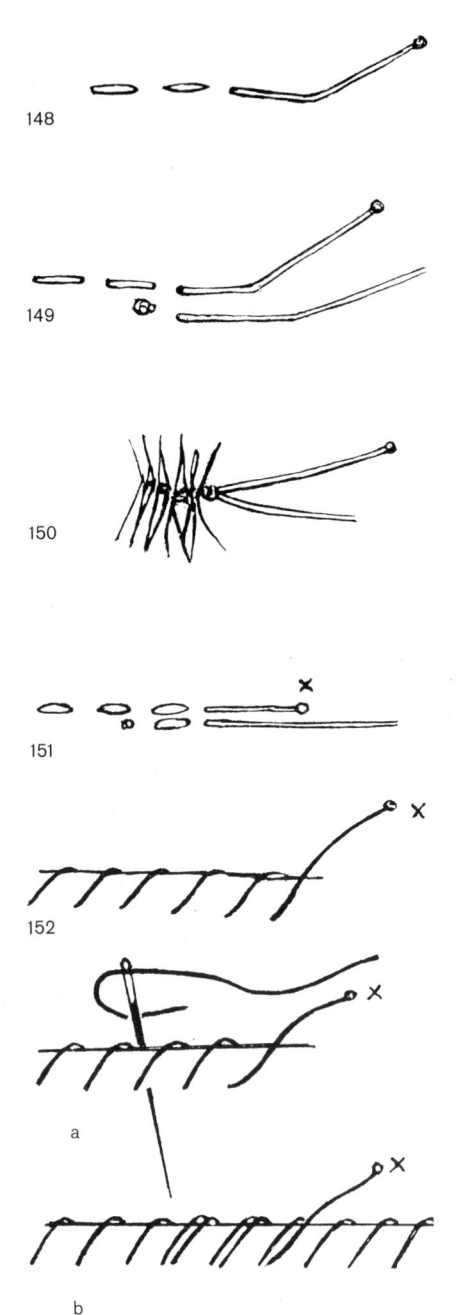

Dazu ein paar Vorschläge!

Wo es nebeneinander zwei Fadenenden gibt, ist es am besten, beide Enden miteinander zu verknüpfen. Auch Steppstiche halten den zusammengepreßten Stoff sicher zusammen. Dazu faßt man, damit sich der Stoff nach dem Nähen nicht wieder ausdehnen kann, mit dem linken Daumen fest auf die Stelle, an der der Faden aus der letzten Falte des Stoffes hervorkommt. Die Steppstiche so fest machen, daß sich der Faden nicht mehr lockern kann.

Soll dagegen nach dem Nähen ein einzelnes Fadenende verknüpft werden (148), fädelt man in eine Nadel einen kurzen Hilfsfaden, näht damit ein paar Stiche neben den schon vorhandenen und verknüpft neues und altes Fadenende miteinander (149, 150). Ein Verbindungsfaden wird dann nötig, wenn der erste Faden für eine zu nähende Linie nicht ausreicht (151, 152). Am Ende des ersten Fadens (X) einen Knoten machen. Den neuen Faden mit ein oder zwei Stichen über den alten ziehen und dann weiter nähen (152 a und b). Wenn eine lange Strecke überwendlich genäht wird, ist es besser, den Knoten in der Mitte der Linie zu machen. Zuerst nachsehen, ob an jedem Ende der abgenähten Linie ein fester Knoten ist. Dann den Faden dort lockern und eine Schlaufe herausziehen, an der man einen Knoten zur Sicherheit machen will (153). Den Faden durchschneiden und an den beiden so entstandenen Enden Knoten machen. Beide Fadenstücke anziehen (154) und den Stoff so eng wie möglich zusammenschieben. Die beiden Enden zu einem einfachen Knoten verknüpfen und dafür sorgen, daß sich die

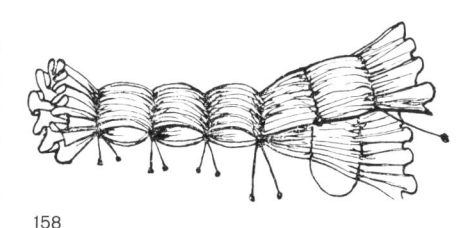

Lücke in der abgenähten Linie schließt. Die beiden Enden noch einmal zusammenknüpfen bis der Faden sich nicht mehr lockern kann.

Wenn ein doppelter Faden zum Nähen verwendet wird (155), kann man die beiden Fäden zu einem Knoten verknüpfen. Die zu nähende Linie fertigmachen und den Faden anziehen, bis der Stoff fest zusammengezogen ist. Den Faden etwa 8 cm über dem Stoff abschneiden. Die beiden Fäden trennen und sie zunächst einfach miteinander verschlingen (156). Dann die Fadenenden in entgegengesetzte Richtungen ziehen und noch einmal fest ziehen, um die abgenähte Linie straff anzuspannen, ehe der Knoten endgültig gemacht wird (157). Es ist ratsam, die Fäden mehrere Male zu verknüpfen; dadurch entsteht ein großer Knoten, der den Stoff ausreichend halten kann.

Bei einer Linie von Heft- oder Überwendlichstichen, die quer über den Stoff verläuft, ist es vorteilhaft, beide Fadenenden dieser Linie zusammenzuknüpfen (158). Das verhindert das Einrollen der Stoffränder, die dadurch nicht gefärbt würden. Diese Methode kann **nur** dort verwendet werden, wo die genähten Linien oder „Bänder" von einer Seite des Stoffes zur anderen reichen.

Zunächst überprüfen, ob beide Enden aller Fäden einen Knoten haben. Diese Fäden anziehen, so daß der Stoff in der Mitte fest zusammengepreßt wird. Rechte Seite des Stoffs nach außen nehmen und eine Rolle oder einen „Schlauch" bilden, indem man den linken und rechten Rand aufeinanderlegt.

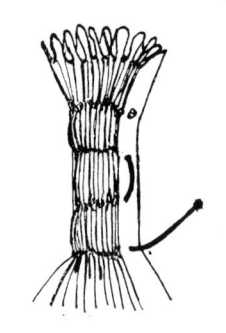

159

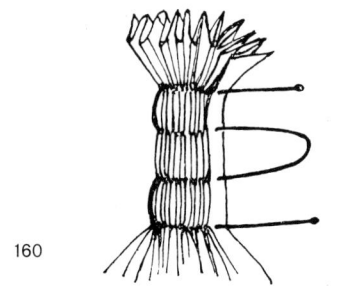

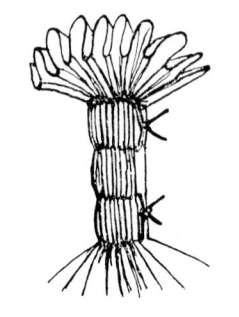

160

161

Beide Enden jeder abgenähten Linie miteinander verschlingen und die Fäden so eng wie möglich zusammenziehen, während der Knoten gemacht wird.
Wenn mehrere Linien mit einem fortlaufenden Faden abgenäht worden sind (159), kann dieser angezogen und mit einem Knoten gesichert werden, wie er vorher beschrieben wurde (148). Wenn jede abgenähte Linie für sich gesichert werden muß, wie folgt vorgehen: die Schlaufe an beiden Seiten des Musterstücks, wo der Faden von einer Linie zur anderen weitergeführt wird, herausziehen. Jede Schlaufe durchschneiden und an den Enden Knoten machen. Dann beide Enden jeder abgenähten Linie miteinander verschlingen, so daß sich ein „Schlauch" bildet. Wenn die Schlaufen nur an einer Seite herausgezogen werden können (160): durchschneiden, an den Enden mit Knoten versehen und in Paaren miteinander verknüpfen (161). In beiden Fällen muß der Stoff so eng wie möglich zusammengezogen werden, ehe der Faden endgültig verknüpft wird.

Allgemeine Hinweise für alle Nähmethoden

Nähen:

Das Muster des geplanten Entwurfes kann durch Stichgröße und Fadenstärke variiert werden. An einer kleinen Arbeit erst alles nähen, ehe mit dem Zusammenziehen begonnen wird; es ist schwierig, an einem teilweise schon zusammengezogenen Stück Stoff zu arbeiten. Bei einem größeren Musterstück können die Fäden an einem Ende etwas angezogen werden, wenn man Faden sparen will. Zwischen der Stelle, die abgenäht wird, und der, die zusammengezogen ist, sollte genügend glatter Stoff übriggelassen werden, um das Nähen nicht zu erschweren.

Färben:

Das Musterstück nur einige Sekunden in die Farbe eintauchen, damit die durch die Nähtechnik entstandenen Reservestellen erhalten bleiben. Die Farbe muß stark konzentriert sein, weil die Färbezeit sehr kurz ist. Sehr gründlich spülen und mit dem Aufknüpfen warten, bis das Färbegut völlig trocken ist.

Aufknüpfen:

Mit einer kleinen Schere, die gerade scharf genug ist, um den Faden durchzuschneiden, braucht man vielleicht länger, als mit einer scharf geschliffenen Schere, aber dafür gibt es auch kaum Löcher in den Stoff. Wenn erst einmal durchgeschnitten ist, glättet sich der Stoff ohne weitere Schwierigkeit. Die beiden Stellen, an denen man am besten einen Faden durchschneidet, sind:
1. An jedem Knoten. Leicht am Knoten ziehen, und die Schere darunterschieben. Vorsichtig vorgehen, nicht in den Stoff schneiden;
2. Wo zwei Fäden zusammengeknüpft sind. Den geknoteten Faden vom Stoff wegziehen, links und rechts vom Knoten den Faden durchschneiden (46).
Manchmal muß man den Faden in der Mitte einer abgenähten Linie durchschneiden. Dies erfordert große Sorgfalt und Genauigkeit. Die Falten des Stoffes glätten bis der Faden sichtbar wird, dann das stumpfe Ende einer

Nadel unter diesen gespannten Faden schieben. Solange bewegen, bis es genügend Platz für die Schere gibt. Die Überwendlichstiche können an verschiedenen Stellen durchgeschnitten werden.

Bei der Nähtechnik gibt es drei deutlich unterscheidbare Arten:

Heftstiche auf einfachem Stoff; Heftstiche auf doppeltem Stoff oder gefaltetem Stoff; Überwendlichstiche.

Heftstiche auf einfachem Stoff

Linien und Bänder:

Arbeitsweise: Auf dem Stoff mit Bleistift oder durch einen Kniff die abzunähende Linie markieren. Einen großen Knoten in den Faden machen, entlang der Linie nähen (162), den Faden

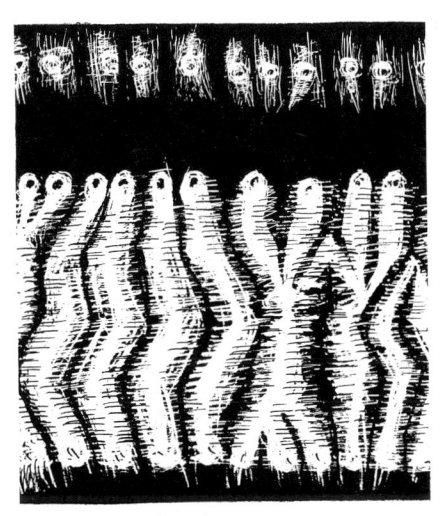

Linien von Heftstichen

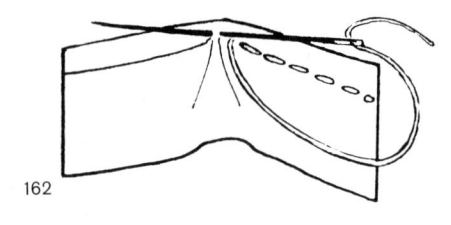

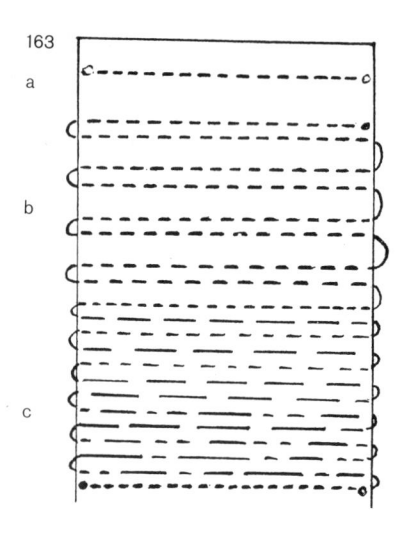

abschneiden und am Ende verknoten (163a). Lange und kürzere Stiche können kombiniert werden, um Abwechslung in das Muster zu bringen (163c); lange Stiche bilden eine bessere Reservelinie.
Den Faden zusammenziehen, so daß der Stoff fest zusammengerafft wird (164) und verknoten (165). Dies muß sorgfältig und fest gemacht werden, sonst bildet sich keine Reservestelle. Bei dieser Art nur ganz kurz färben. Vor dem Färben den Stoff anfeuchten. Mehrere parallel abgenähte Linien, 0,5—1 cm voneinander entfernt, bilden ein hübsches „Bandmuster" (163b). Der Faden kann von einer Linie zur nächsten weitergeführt und das Band kann als eine genähte Linie zusammengezogen werden (159).
Diese Linien und Bänder können wiederholt werden, so daß sich ein über den ganzen Stoff verteiltes Muster ergibt (163 b und c).
Wenn zwei oder drei Farben verwendet werden, können zunächst einige der abgenähten Linien locker gelassen werden. Sie werden erst vor dem zweiten Färben angezogen.

„Wellenform"- und Zickzackbänder

Diese Bänder von Heftstichen brauchen nicht unbedingt geradlinig zu verlaufen. Sie können die Richtung ändern und Kurven oder Zickzacklinien bilden (163 d).
Arbeitsweise: Auf dem Stoff markieren, wo die Linien verlaufen sollen. Um den äußeren Rand der Bänder deutlicher zu machen, näht man kleine bis mittlere Stiche als Begrenzung. Für die inneren „Füllinien" sind größere Stiche erlaubt. Das ganze Muster kann mit einem Faden abgenäht werden. Den Faden anziehen und sichern.

Eine über den ganzen Stoff gleichmäßig verteilte Struktur

Mit Heftstichen abgenähte Linien, die auf dem Stoff wiederholt werden, bringen ein Muster hervor, das dem „Smockmuster" ähnelt. Wenn eine große Fläche mit diesem Muster bedeckt werden soll, kann das Abnähen sehr langweilig werden. Größere Stiche oder die wechselweise Anwendung von großen und kleinen Stichen (163 c) sparen Zeit. Alle Knoten an der Seite anbringen, oder einen langen doppelten Fanden verwenden, der sich über eine große Fläche erstreckt (159). Der Stoff kann auch zu einem „Schlauch" geformt und die Fadenenden können verknotet werden (158). Einige Linien locker lassen bis die erste oder zweite Farbe angewandt worden ist. Der „Schlauch" kann noch zusätzlich abgebunden werden, so daß sich Streifen ergeben (166).

Nach dem ersten oder zweiten Färben kann eine dunklere Farbe auf die eng zusammengeschnürten Falten getupft werden. Ein langes Stück Stoff legt man in der Mitte zusammen, quer oder längs und näht auf dem doppelten Stoff, um die Näharbeit zu verkürzen. Darauf achten, daß das Stoffstück zum Färben flach bleibt (161).

Eine Reservelinie

Eine schmale Reservelinie, geradlinig oder gebogen, kann durch Heftstiche gebildet werden.
Arbeitsweise: Die gewünschte Linie AB (167) ziehen.
Eine Nadel mit starkem Faden nehmen, am Ende einen Knoten machen und mit mittelgroßen Stichen von B nach A nähen (168). Die Nadel zurück-

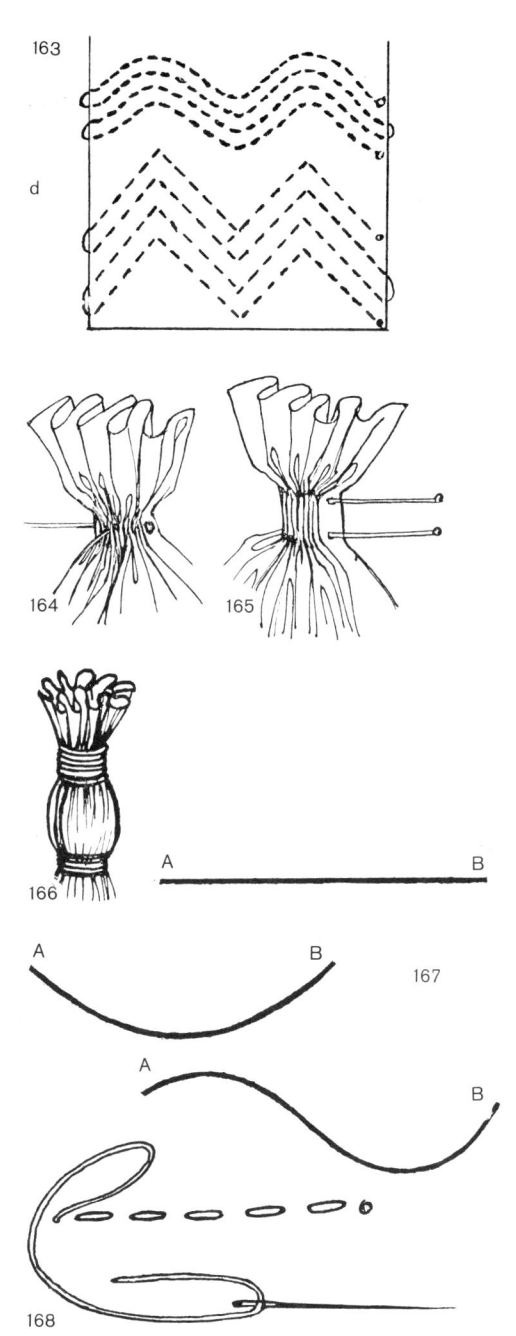

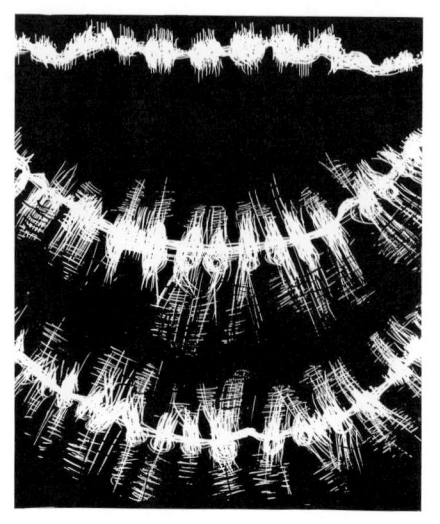

führen und direkt über B in den Stoff hineinstechen (169). Die Nadel unter der Linie durchführen und direkt über A wieder nach vorne stechen. Auf diese Weise wird die genähte Linie nun mit einer Schlaufe umgeben (170).
Bei B das mit einem Knoten versehene Ende ungefähr 5 cm herausziehen. Bei A den Nähfaden so anziehen, daß der Stoff zusammengezogen wird, wobei die Schlaufe die mit Bleistift gezeichnete Linie bedeckt (171).
Dies ist sehr wichtig, besonders bei Kurven, da dadurch die genaue Richtung der Linie eingehalten wird. Beide Enden des Fadens zusammenknüpfen, so daß die Schlaufe ganz straff und fest die abgenähte Linie umspannt.

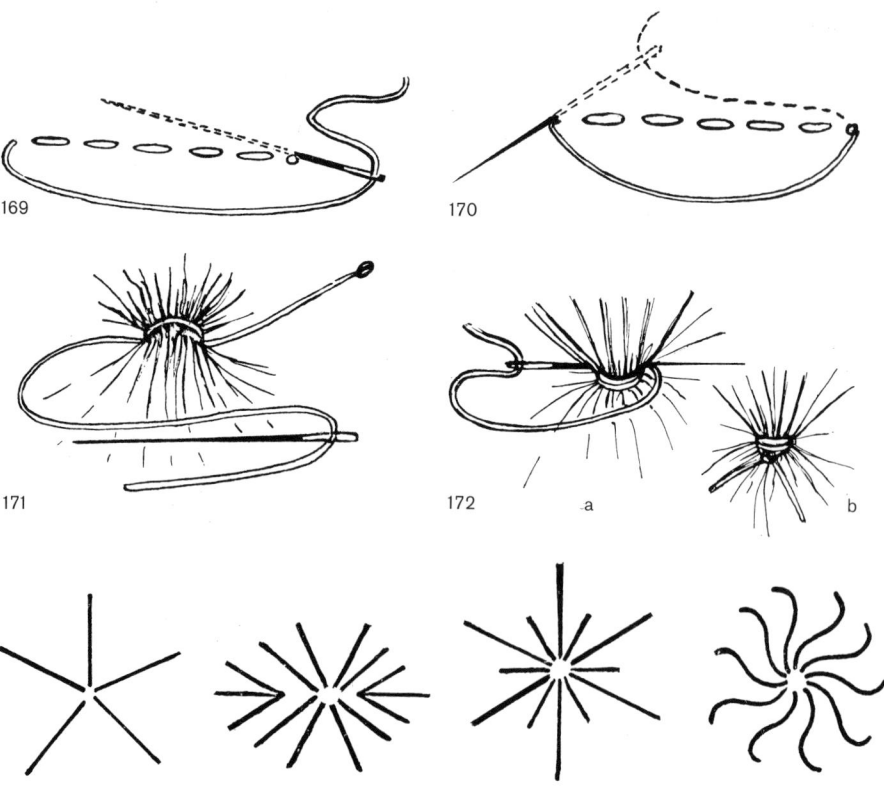

169

170

171

172   a   b

Wenn eine deutliche Reservelinie angestrebt wird, über die erste Schlaufe (172 a) zwei Überwendlichstiche machen und jeden fest anziehen ehe mit einem Knoten gesichert wird (172 b). Bei A 1, B 1 und A 2, B 2 (167) wird in derselben Weise vorgegangen, wie bei AB! Mehrere dieser Linien können miteinander kombiniert werden; dadurch bilden sich interessante Motive und Muster (173).

Wenn die geradlinige Reservelinie fertiggestellt ist, kann man dadurch noch mehr Zeichnung erzielen, daß man mit Überwendlichstichen zusätzlich abnäht. Dies kann vor oder nach dem ersten Färben durchgeführt werden (174 a, b und c).

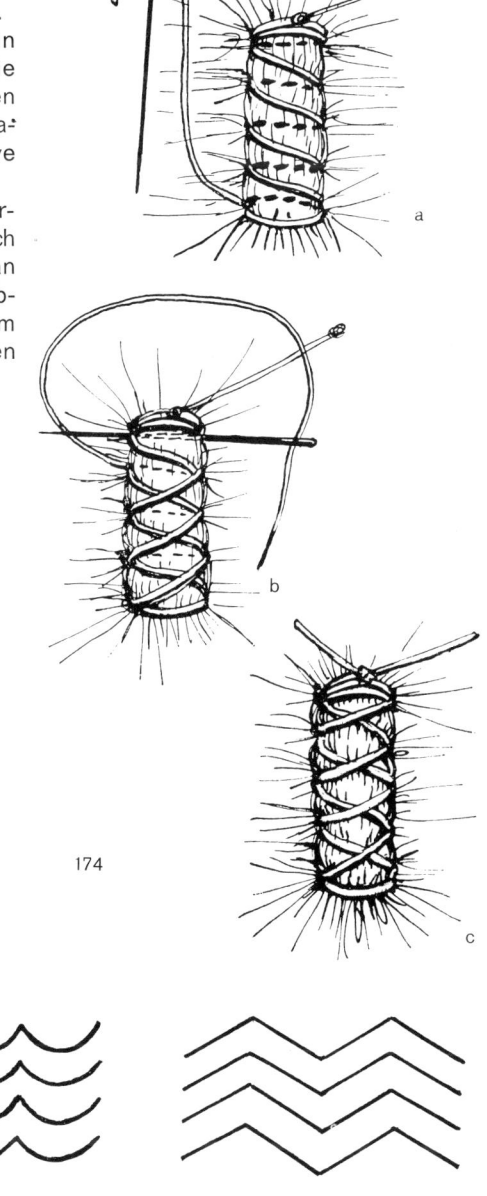

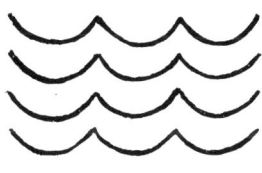

45

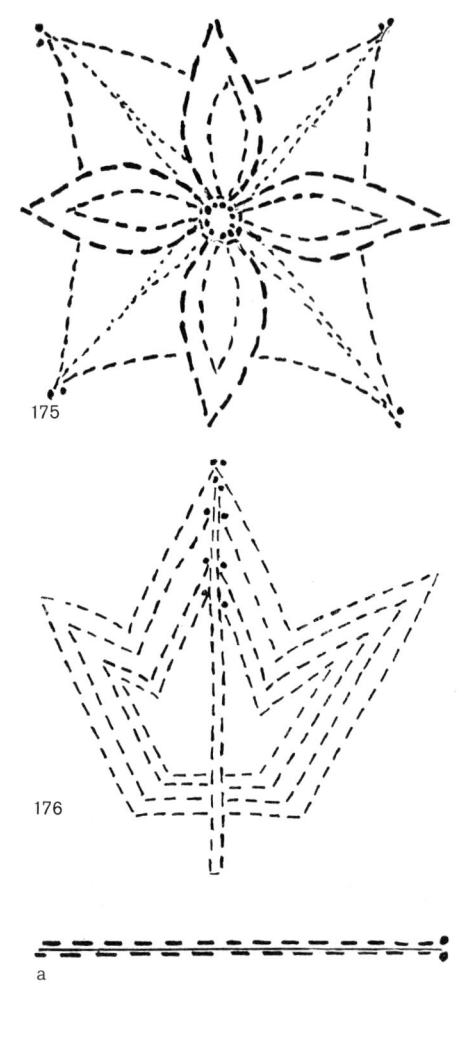

Abgenähte Formen:

Das gewünschte Muster (175) aufzeichnen. Einfachen oder doppelten, dicken oder dünnen Faden verwenden, je nachdem die Spannung wird. Den Faden mit einem Knoten versehen und die Außenlinie abnähen. Stiche von 0,3—1 cm Länge machen. Die „Füllstiche" innerhalb der Form sollten so gemacht werden, daß die Linien parallel zueinander verlaufen, die Linien möglichst parallel zur Außenlinie verlaufen (176) oder die Linien dazu beitragen, die Form des gezeichneten Gegenstandes zu betonen.
Bei einer Blattform z. B. sollten die Füllstiche die Adern des Blattes darstellen (177 b).
Die ganze Näharbeit vollenden ehe die Fäden angezogen werden. Einige der Fäden können locker gelassen werden bis nach dem ersten oder zweiten Färben. Dazu verwendet man am besten verschiedenfarbige Fäden, z. B. weiße Fäden für die Stellen, die vor dem ersten Färben angezogen werden, hellbraunen Faden für die Stellen, die vor dem zweiten Färben angezogen werden usw.
Wenn man die Kontur einer Form aus Heftstichen auf einfachem Stoff (mit oder ohne Muster in der Mitte) ganz deutlich darstellen will, können 2, 3 oder 4 Linien abgenäht (177 und 178) oder zusätzlich Überwendlichstiche verwendet werden (179). Die ersten Stiche möglichst nahe an der Bleistiftlinie machen, damit ein deutlicher Umriß erhalten bleibt.

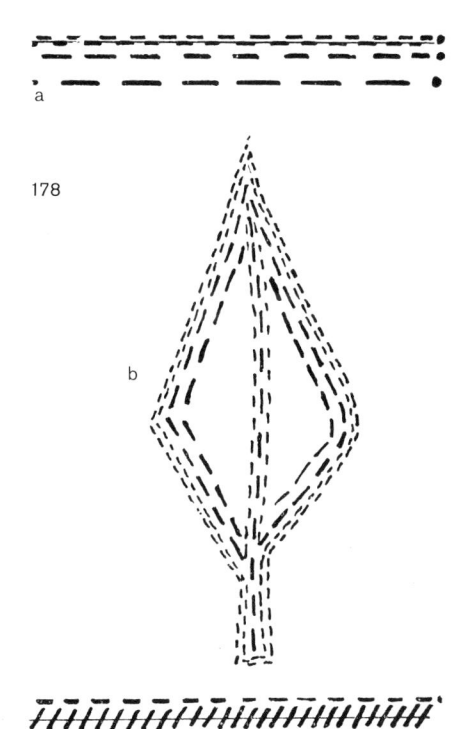

Genähte Spiralen:

Die Form mit Bleistift aufzeichnen. Für eine kleine Spirale einfachen Faden, sonst doppelten Faden verwenden. Der Bleistiftlinie entlang nähen bis der äußere Rand der Spirale erreicht ist (180). Den Faden anziehen; ein großer Knoten in der Mitte ist ein Vorteil. Man kann auch von beiden Enden her anziehen und den Stoff fest zusammenziehen. Die Spirale hat nun die Form eines Schneckenhauses (181). Beide Fadenenden getrennt mit einem Knoten sichern, oder den Faden entlang der genähten Linie zurückführen und oben (182) verknüpfen.

Um eine deutliche Reservelinie zu erreichen, kann der Spirallinie entlang wiederholt abgebunden werden. Die Spitze des Schneckenhauses kann in eine andere Farbe oder in Bleichmittel getaucht werden. Den Rest des Schneckenhauses färbt man dann in einer anderen Farbe. Wenn sich auf einer Arbeit mehrere Spiralen befinden, kann jede anders gefärbt werden.

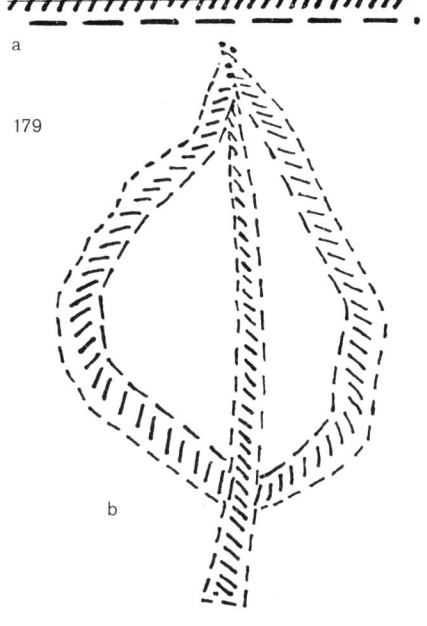

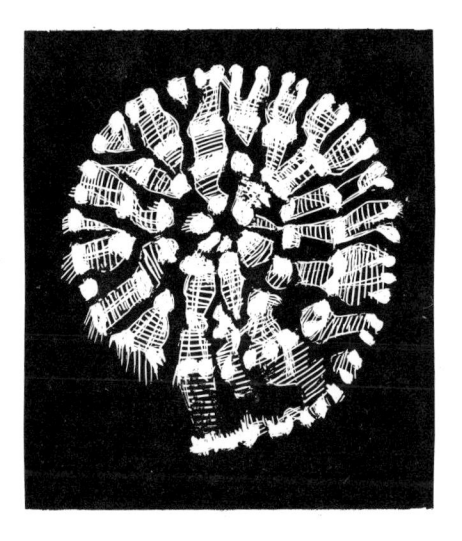

47

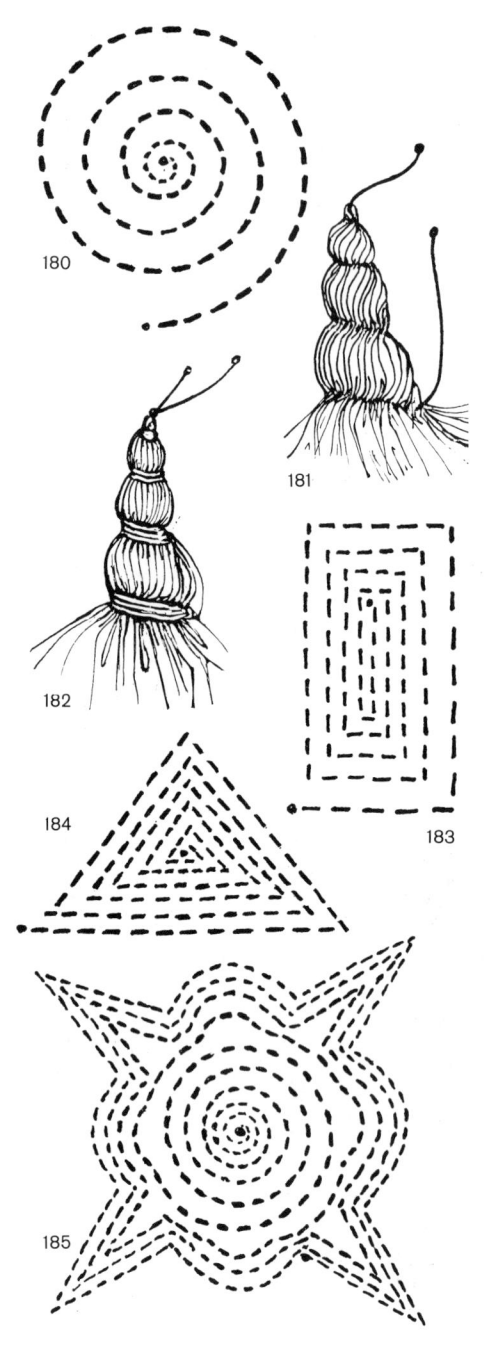

Vorher gefärbte Fäden und Garne können verwendet werden. Die „Spiralmethode" kann auch auf andere Formen übertragen werden, z. B. Quadrat, Rechteck (183), Dreieck (184) und viele unregelmäßige Formen. Die äußeren Linien einer Spiralform kann man so verändern, daß sich blumenblattförmige Gebilde, Bogen oder V-Formen ergeben (185).

Nähen auf gefaltetem Stoff

Bei dieser speziellen Technik kann man in den meisten Fällen mit ganz einfachem Nähen gute Ergebnisse erzielen. Wichtig sind dabei das straffe Anziehen des Fadens und der Knoten zum Sichern. Das Muster wird weniger durch das Nähen als durch eine gefällige Anordnung der Formen und einer guten Farbkombination wirkungsvoll. Sehr kleine oder besonders großflächige Muster sind mit dieser Methode möglich. Sie wird oft mit der Bindetechnik kombiniert.

Die Wahl des Fadens ist abhängig von der Art des Stoffes: feiner Faden für feines oder mittleres Gewebe; für dickeren Stoff muß stärkerer Faden verwendet werden —
von der Größe des Musters: feiner, doppelter Baumwollfaden oder Nähseide sind für sehr kleine Muster geeignet; die größeren Muster erfordern stärkeren Faden, einfach oder doppelt
von der Länge jeder abzunähenden Linie. Für eine kurze Linie nimmt man den Faden einfach; für eine lange Linie doppelt.

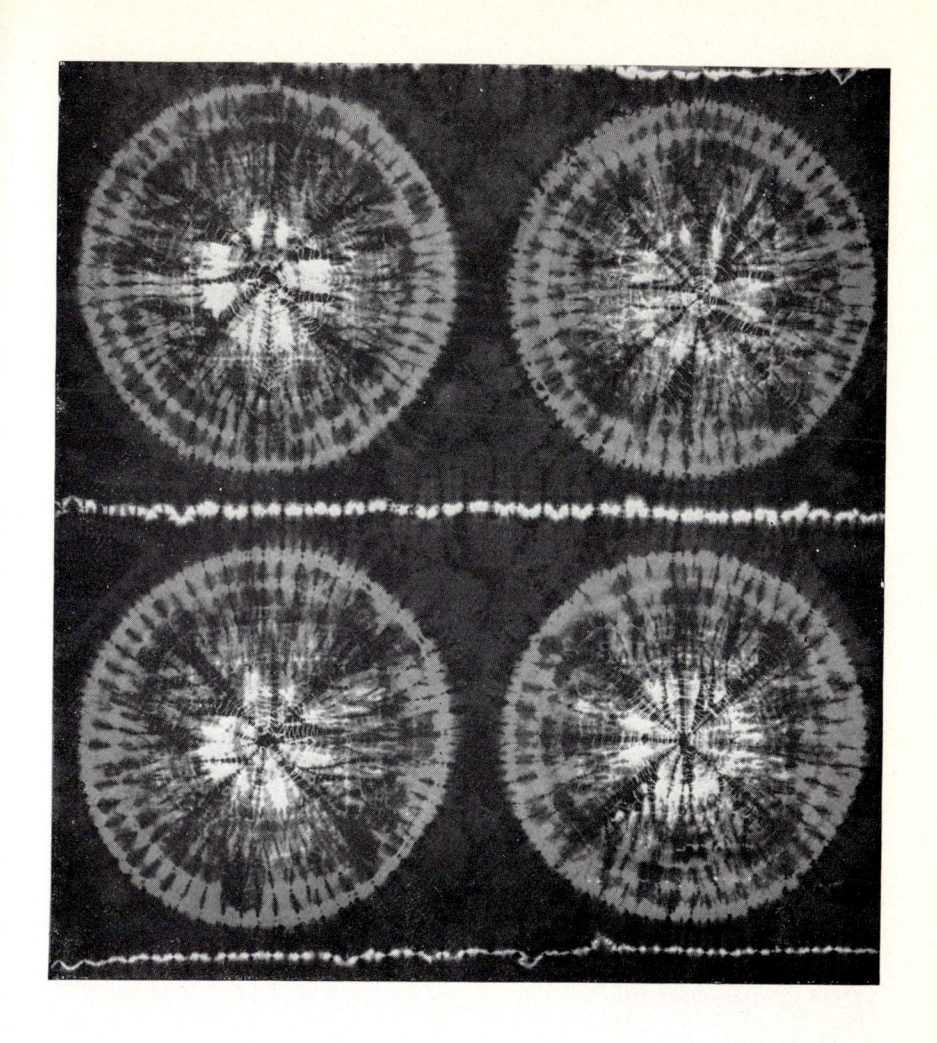

Die mit großen Heftstichen abgenähten Kreise werden in der Mitte zusätzlich abgebunden, der Hintergund ist leicht marmoriert. Die Linie kommt durch fortlaufende Stiche zustande. Länge des Stoffes etwa 1 Meter. Ein farbiger Ausschnitt dieses Musters ist gegenüber der Titelseite abgebildet.

Der Fischgrateffekt ist eine Abwandlung der Technik, bei der ein doppelt gelegter Stoff mit fortlaufenden Stichen abgenäht wird. Stoffbreite etwa 1 Meter.

Solche Muster ergibt die Heftstichmethode auf doppeltem Stoff (etwa 30 x 45 cm).

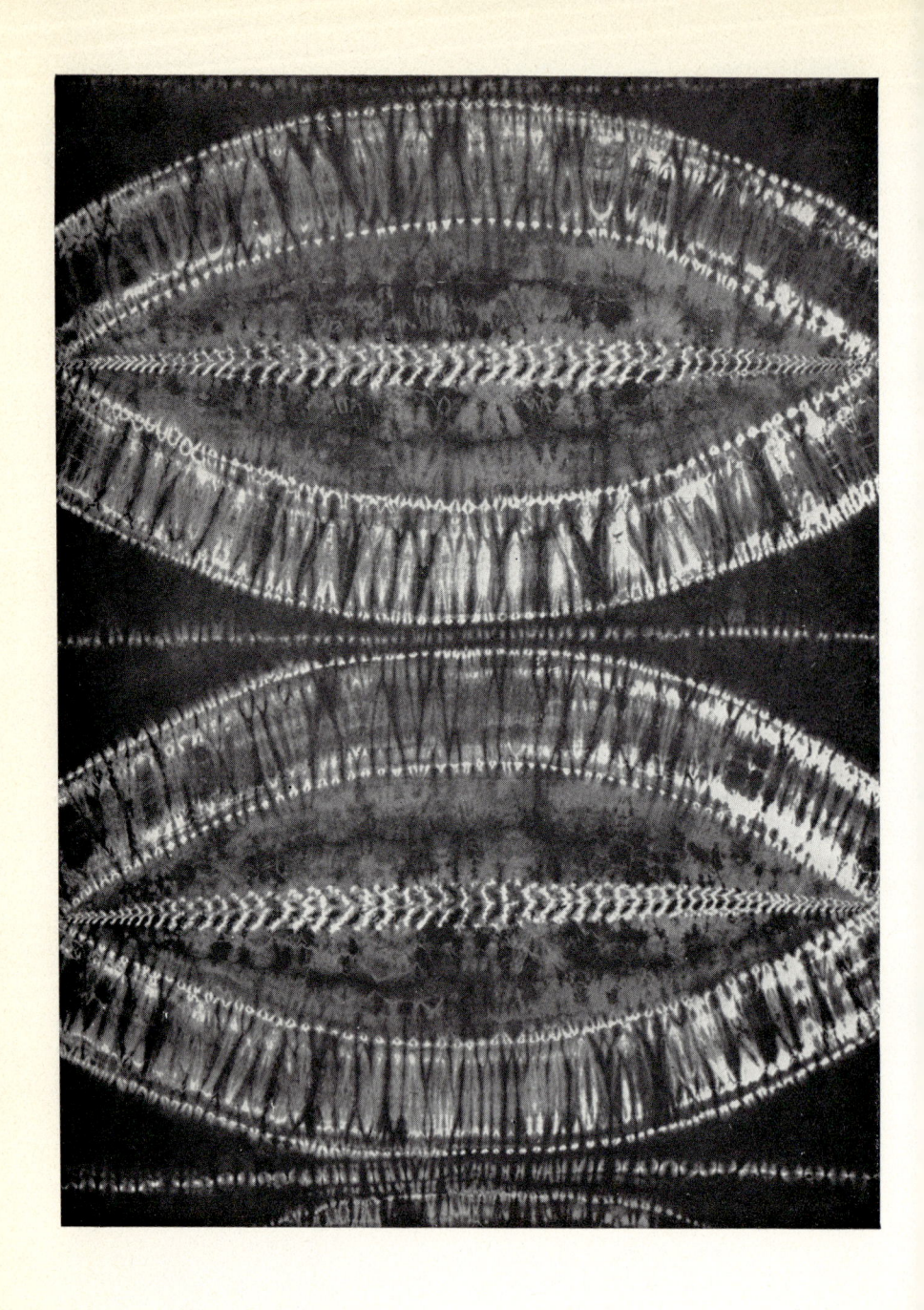

Diese „gerüschten" Ovale entstehen durch in den Stoff gelegte Falten. Die Mitte jedes Ovals wird abgenäht und getrennt gefärbt. Stoffbreite etwa 1 Meter.

Linien und Streifen

Die Mitte jedes Streifens festlegen und den Stoff an dieser Stelle falten. Entlang dem Stoffbruch Heftstiche nähen (186). Fadenanfang und -ende mit einem großen Knoten versehen. Wenn auf einem Stoff mehrere Linien nahe genug beieinander sind, verwendet man einen fortlaufenden Nähfaden (187). Den Faden fest anziehen und mit einem Knoten sichern (188). Anfangs das Musterstück nur einige Sekunden in die Farbflotte legen; wenn die Reservestellen zufriedenstellend ausfallen, die Färbezeit verlängern. Einige der Fäden kann man locker lassen und dann vor dem zweiten Färben anziehen.

Mehrere Streifen oder Linien können zusammengefaltet und als eine Linie abgenäht werden (189).

Die abgenähten Linien können gebogen sein oder in Zickzacklinien verlaufen (190). Mittelgroße Stiche an der Außenlinie verwenden, größere als „Füllstiche".

Falten in Bogen- und Zickzacklinie

Arbeitsweise: Die Richtung der Falten mit Bleistift auf den Stoff zeichnen. Entlang der Linien einen Kniff machen und auf dem doppelten Stoff abnähen (191 a und b).

An den Ecken den Stoff in Fältchen legen, bei der Zickzacklinie außerdem eine kleine Falte auf der Rückseite legen.

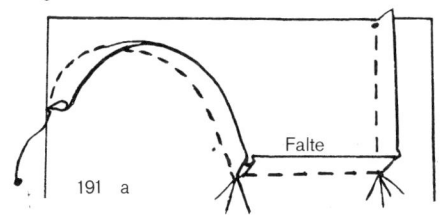

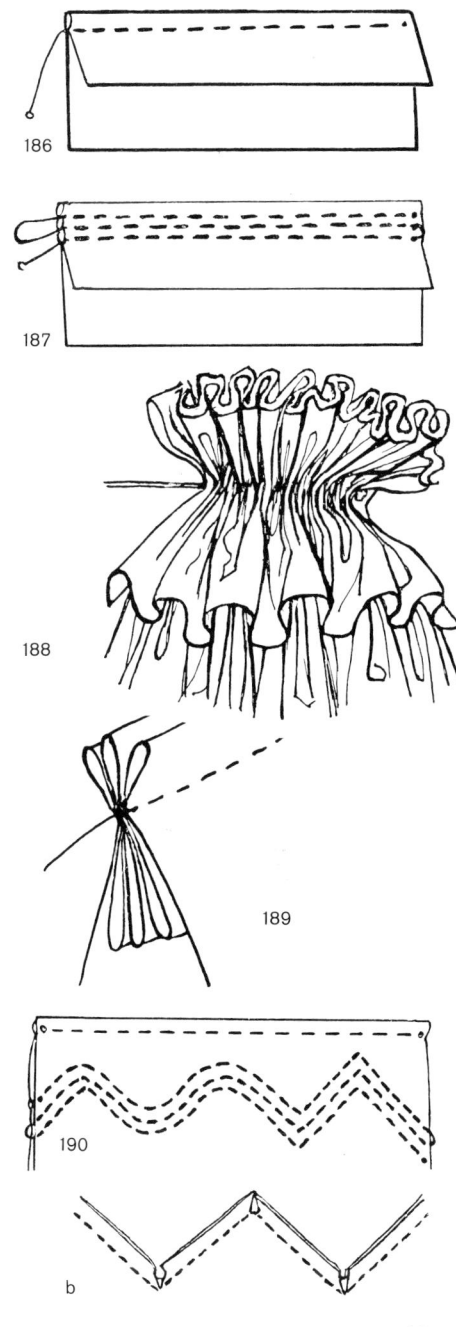

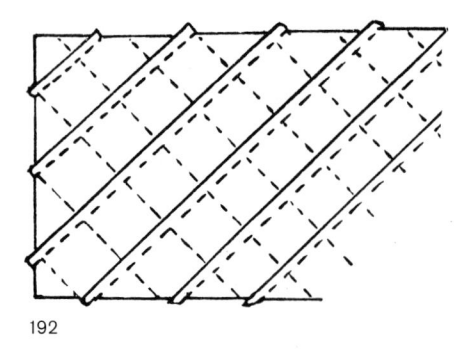

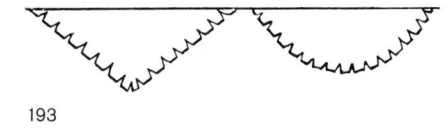

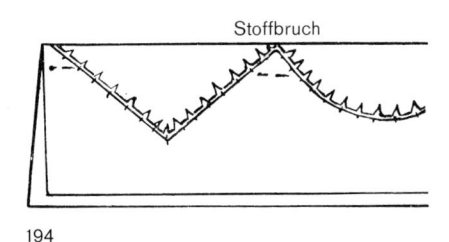

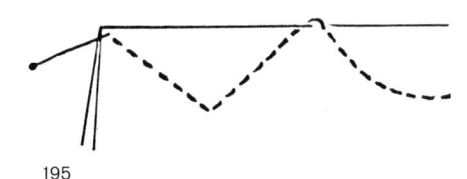

Abwandlungen

Den über der genähten Linie entstandenen krausen Rand vor oder nach dem ersten Färben abbinden. —
Auf einfachen Stoff genähte Streifen mit auf doppeltem Stoff genähten abwechselnd verwenden. —
Ein „diamantförmiges" Netz machen (192). —
Farbe auf die Spitzen der Falte pinseln, nachdem das ganze Muster gefärbt worden ist. Dafür sollte man eine Kontrastfarbe verwenden. —
Wenn das ganze Musterstück gefärbt ist, zusammenknüllen, mit Schnur umwickeln und in einer anderen Farbe färben. Die Falten an die Außenseite legen und „offen" abbinden, oder zwischen den abgenähten Falten Linien abbinden. —
Die Ränder der Falten können gebleicht oder gewachst werden.

192

193

Stoffbruch

Symmetrische Formen:

Bei dieser Methode wird die Hälfte jeder beliebigen Form mit Heftstichen auf doppelten Stoff genäht. Wenn zusammengezogen und gefärbt worden ist, ergibt dies die Reservelinie der ganzen Form. Die Mitte der Form kann zusätzlich abgebunden werden. So entstehen Ovale, Rauten und Quadrate. Sie können beliebig groß sein, allein, in Gruppen oder Linien auf dem Musterstück angeordnet werden.

194

Oval oder Raute

Arbeitsweise: Eine Schablone von der Hälfte der geplanten Form schneiden (193). Die Mitte der Form durch eine

195

Bleistiftlinie oder einen Stoffbruch festlegen. Den glatten Rand der Schablone an den Bruch legen und aufzeichnen (194).
Den Stoff mit Stecknadeln zusammenstecken, damit er sich nicht verschieben kann. Entlang der Bleistiftlinie nähen, dabei am Stoffbruch anfangen und enden (195).
Innerhalb dieser Linie kann zwei oder dreimal parallel dazu abgenäht werden, damit eine deutliche Kontur entsteht. Den Faden durchschneiden und einen Knoten machen. Sehr fest anziehen (196) und beide Enden zusammenknüpfen. Die gebogene Linie wird nun flach und der vorher geradlinige Bruch ist zusammengefaltet wie ein kleiner Fächer (über der abgenähten Linie). Man kann entlang den abgenähten Linien (197) zusätzlich abbinden.
Wenn das Musterstück jetzt gefärbt wird, entsteht eine Reservelinie am Umriß der Form. Wenn die fächerartige Form noch zusätzlich abgebunden wird, entsteht ein gemustertes Oval oder eine Raute (198). Der kleine „Fächer" kann getrennt gefärbt werden, indem man ihn in die Farbe taucht. Dies ergibt eine gefärbte Raute oder ein Oval auf einem ungefärbten Grund. Wenn nach dem Färben das fächerartige Gebilde eng umwickelt und das ganze Stück in einer zweiten Farbe gefärbt wird, ergibt dies ein Oval oder eine Raute auf einem andersfarbigen Hintergrund. Der ganze Stoff wird gefärbt und dann der „Fächer" in ein Bleichmittel getaucht; dabei kann man noch zusätzlich abbinden.
Wenn das ganze Stoffstück gefärbt worden ist, kann man die Spitzen mit einer anderen Farbe betupfen oder Wachs auftragen und in einer zweiten Farbe färben.

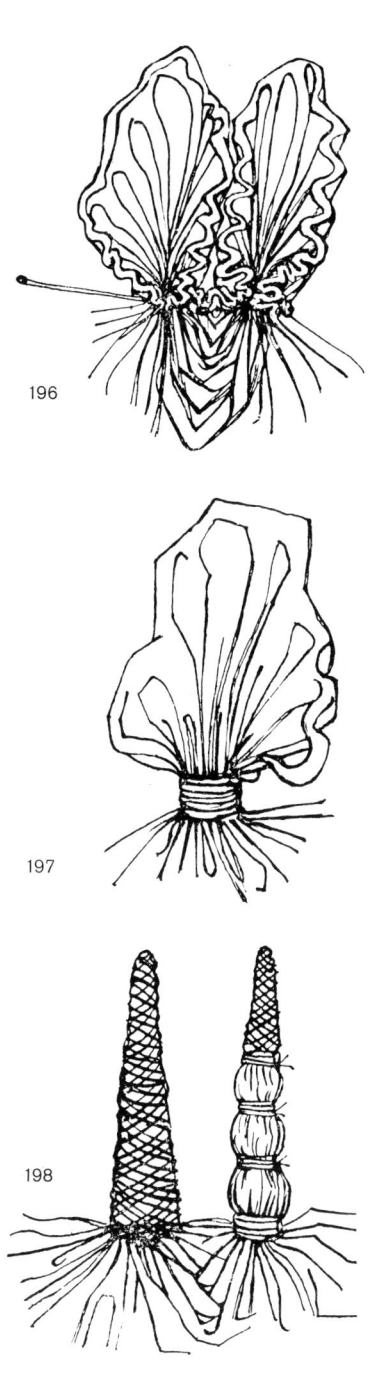

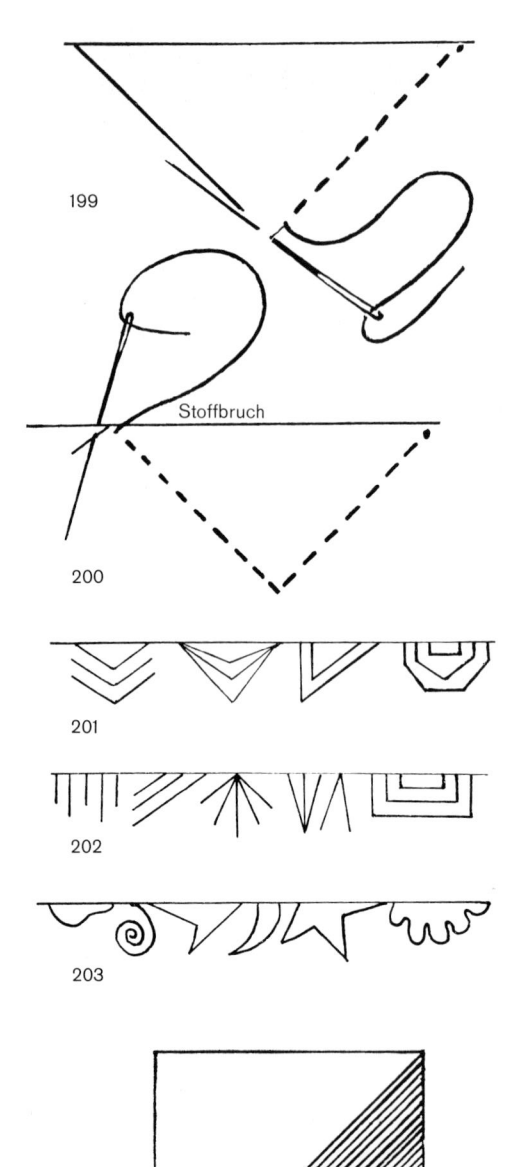

Eine Reihe von Ovalen oder Rauten

Die beschriebenen Oval- oder Rautenformen können entweder waagrecht oder senkrecht aneinandergereiht werden; Sie können groß, klein, einander ähnlich oder verschieden sein. Diese Reihen können ein über den ganzen Stoff gleichmäßig verteiltes Muster ergeben.

Arbeitsweise: Die Mittellinie anzeichnen; entlang dieser Linie den Stoff zusammenfalten und mit Stecknadeln zusammenstecken oder zusammenheften.

Eine Schablone von der Hälfte der gewünschten Form herstellen (193) und damit die Reihen aufzeichnen. Die Stiche für die Rauten sollen entweder an der äußersten Spitze des Dreiecks beginnen oder aufhören (199); Ein Stich quer über eine Ecke würde die Rautenform undeutlich machen.

Mit einem langen doppelten Faden entlang der Bleistiftlinie von rechts nach links nähen (195). Wenn eine Form fertiggenäht ist, den Faden über den Bruch führen, und mit der nächsten Form beginnen (200). Werden mehrere Reihen abgenäht, schneidet man den Faden am Ende jeder Reihe ab und verknotet ihn. Nach dem Nähen die Fäden so eng wie möglich zusammenziehen und mit Knoten sichern. Vorschläge für weitere Formen bringen die folgenden Zeichnungen (201, 202, 203).

Quadrat

Arbeitsweise: Eine Schablone des gewünschten Quadrates herstellen, die diagonal halbiert ist (204). Auf dem Stoff die Mitte des geplanten Quadrates festlegen. Da das Quadrat diagonal halbiert ist, muß die Mittellinie auf

dem Stoff in einem Winkel von 45° zu der Webkante gezogen werden. Den Stoff entlang dieser Linie zusammenfalten. Die Schablone an den Bruch legen, mit Bleistift umfahren und abnähen, wobei man darauf achtet, daß die Ecken rechtwinklig werden (205). An beiden Enden des Fadens einen Knoten machen und zusammenziehen (206). Durch einen Knoten sichern. Färben.
Wenn das Quadrat gemustert sein soll, die Form abbinden (207, 208). Die Quadrate können auf verschiedene Arten abgenäht werden (209, 210, 211). Ganze Reihen von Quadraten können über den Stoff verteilt werden (212).

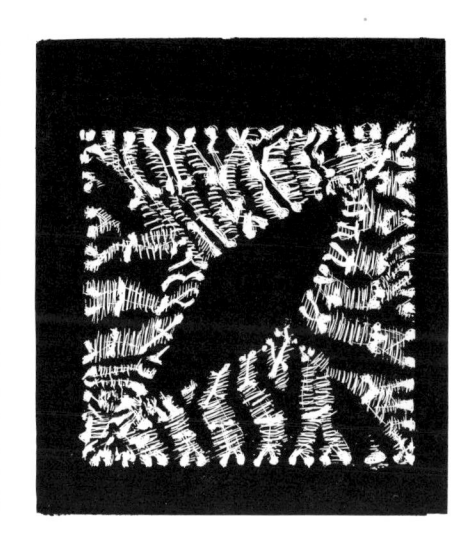

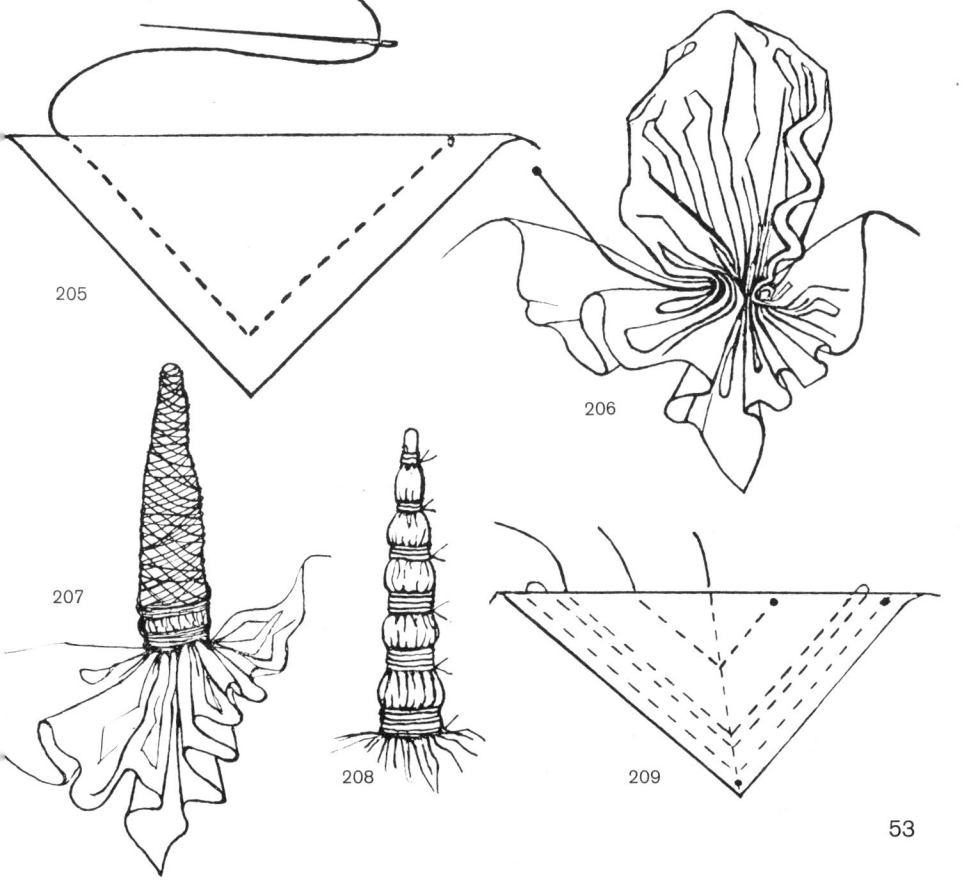

205

206

207

208

209

210

211 212

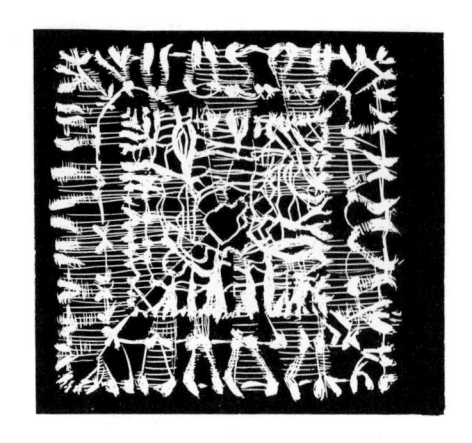

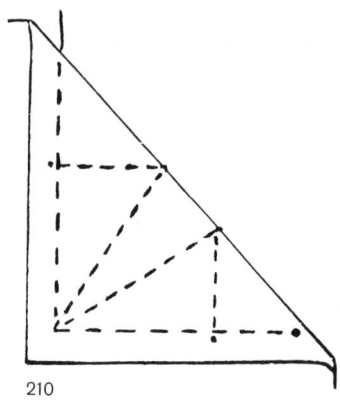

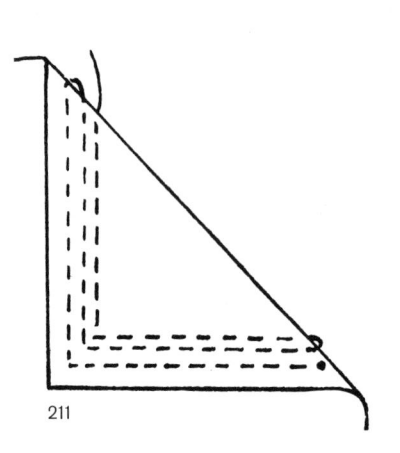

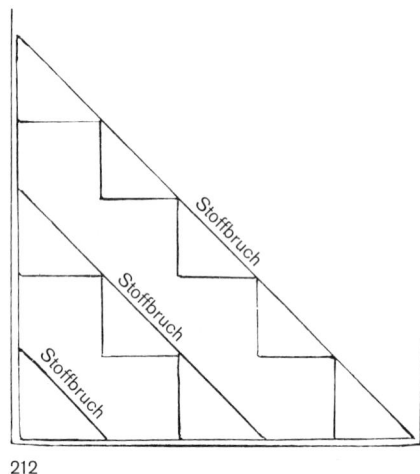

Überwendlichstiche

Hierbei kommen ganz andere Muster zustande als durch Abnähen von Heftstichen.
Es gibt zwei Möglichkeiten, dies auszuführen:
Den Stoff doppelt legen und den Bruch mit Überwendlichstichen übernähen oder auf einfachem Stoff eine schmale, flache Falte legen und diese mit Überwendlichstichen übernähen.
Arbeitsweise: Die gewünschte Linie auf dem Stoff ziehen. Entlang dieser Linie den Stoff zusammenfalten. Einfachen oder doppelten Faden verwenden, je nach Länge der Linie. Knoten nicht vergessen. Falls eine Fadenlänge nicht ausreicht, neu ansetzen (152).
Links beginnen und den Stoffbruch mit Überwendlichstichen umschlingen (213). Soll eine regelmäßige Linie entstehen, werden alle Stiche gleichgroß und gleichweit voneinander entfernt gemacht; ansonsten kann Größe und Verteilung der Stiche verschieden sein.

54

Den Faden immer wieder leicht anziehen, damit er straff und gespannt wird. Der Stoff schlingt sich dann um den Faden, was einem „Seil" ähnlich sieht (214).
Manchmal ist es vorteilhaft, Nadel und Faden am Stoff hängen zu lassen und erst später anzuziehen. In diesem Fall verwendet man für jede Linie eine extra Nadel. Erst wenn alle Linien auf dem Musterstück abgenäht sind, zieht man die Fäden an. Dabei den Nähfaden nach rechts ziehen, während sich der Stoff entgegengesetzt allmählich am anderen Ende zusammenballt. Wenn der Faden nicht mehr angezogen werden kann, mit einem Knoten sichern (150, 155, 157, 158).
Bei feinem Stoff können mehrere dieser Linien mit Überwendlichstichen zusammengenäht werden (215). Den Stoff nur kurz in die Farbflotte halten. Für die andere Art entlang der Linie einen Kniff machen und einmal umklappen — etwa 3 bis 6 mm breit (216). Dann den doppelten Stoff aufklappen, so daß eine Falte entsteht, die flach auf dem einfachen Stoff liegt (217). Mit Stecknadeln feststecken (218). Die Falte — jetzt drei Lagen Stoff — mit Überwendlichstichen umschlingen (219). Wenn das Nähen beendet ist, den Faden anziehen, so daß der Stoff sich fest um ihn schlingt.

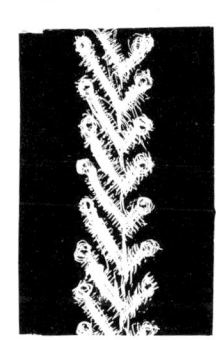

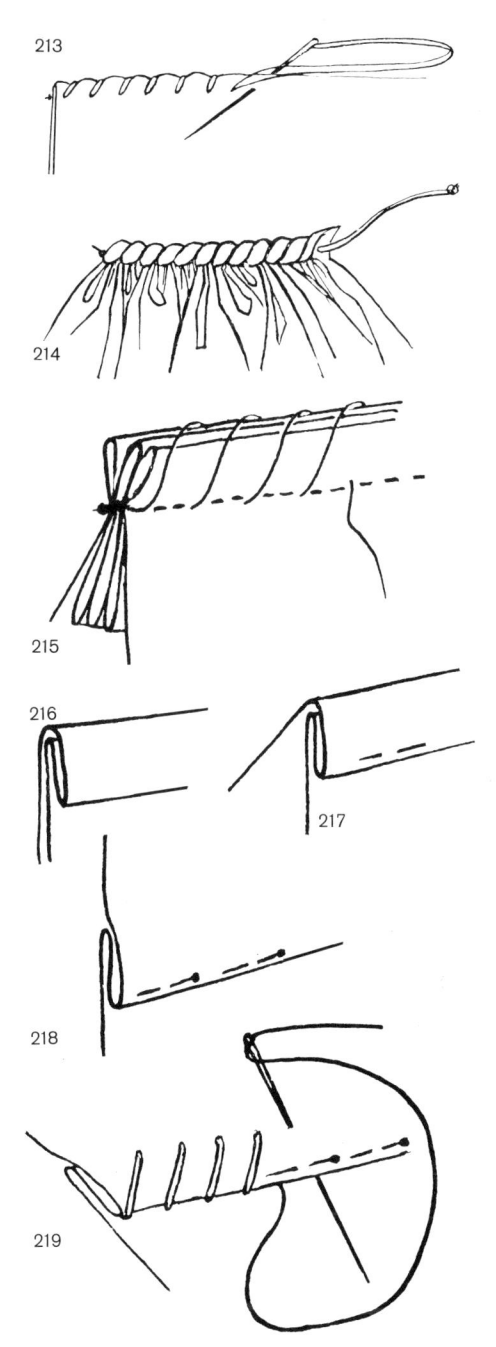

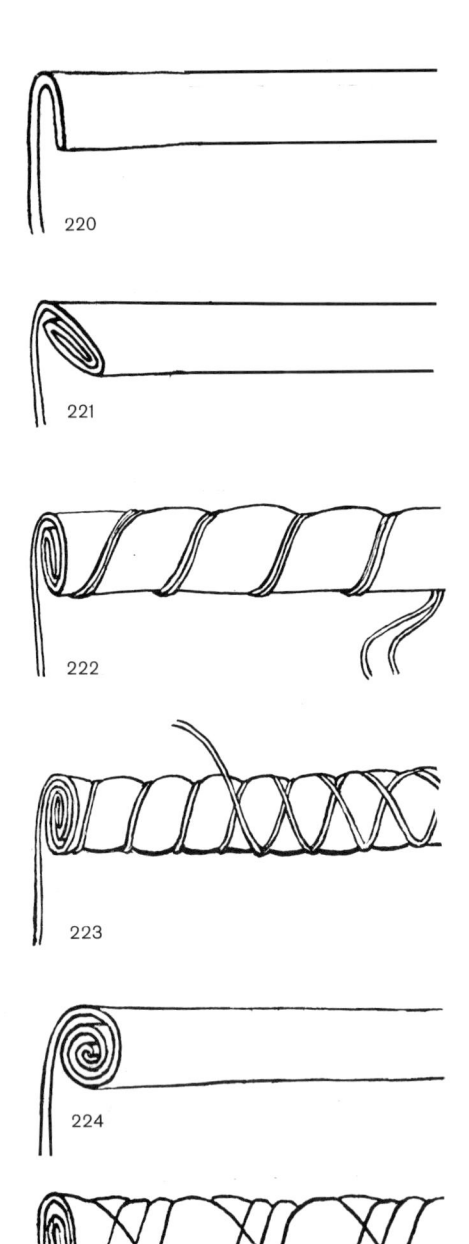

Breiter Streifen oder „Band"

Ein stark gemusterter Reservestreifen von etwa 1 bis 20 cm Breite in jeder Richtung entsteht auf folgende Weise: Die Mitte des Streifens durch eine Linie bezeichnen und den Stoff zusammenfalten. Dann den Rand umklappen wie bei einem Saum (220). Er kann eine Breite von etwa 0,5 cm für einen feinen Streifen und etwa 1 cm für ein breiteres Muster haben. Den „Saum" in gleichmäßigen Abständen mit Stecknadeln feststecken. Jetzt kann der Saum abgenäht werden; wenn aber ein breiteres Muster geplant ist, kann der „Saum" bis zu fünf oder sechs Mal umgeklappt werden (221). Einen langen doppelten Faden nehmen, mit festem Knoten versehen und den ganzen „Saum" von links nach rechts (222) umnähen.

Das sich ergebende Muster hängt hauptsächlich davon ab, wie weit die Stiche auseinander sind. Nach dem Nähen den „Saum" in der linken Hand halten und den Faden so ziehen, daß sich der Saum wie ein „Seil" zusammenrollt. Ein dicker „Saum" ist nicht so flexibel wie ein dünner aus einer Lage Stoff und schlingt sich deshalb nicht so leicht um den Nähfaden; aber durch seinen Umfang entstehen zufriedenstellende Reservestellen. Nun kann man noch einmal in entgegengesetzter Richtung mit Überwendlichstichen umschlingen (223). Ein dickes Musterstück länger färben; sehr vorsichtig aufknüpfen, vorzugsweise am Anfang oder Ende einer genähten Linie.

Andere Vorschläge:

Anstatt einen „Saum" mehrmals umzuklappen, kann der doppelte Stoff zu

einer Rolle aufgewickelt werden. Feststecken und mit Überwendlichstichen umschlingen — genau wie vorher beim „Saum". —
Vor dem zweiten Färben (223) noch einmal zusätzlich mit Überwendlichstichen umschlingen. —
Abwechselnd schmale und breite Bänder machen. —
Einige Streifen erst nach dem ersten Färben anziehen. —
Beim nochmaligen Übernähen des seilähnlichen „Saumes" „Blöcke" in gleichmäßigen Abständen bilden (225).
Zwei oder drei „Säume" zusammen umnähen, vor oder nach dem ersten Färben. —
Streichhölzer in den „Saum" einrollen. Das Streichholz an den Bruch legen, dann in den doppelten Stoff wickeln und mit Überwendlichstichen umschlingen. Vor der zweiten Farbe nocheinmal darübernähen, oder den Stoff noch einmal um das Streichholz wickeln und mit Stichen umschlingen. Das Streichholzmuster kann so angeordnet werden, daß sich Blöcke, Linien, Streifen, Kreise, Quadrate, Blumen und Blätter bilden. Jedes Streichholz sollte einzeln festgenäht werden. —
Ganz andere Muster kann man dadurch erzielen, daß man quer über ein Musterstück schmale, mit Überwendlichstichen umnähte Streifen färbt. Dann ganz aufknüpfen und das Ganze wiederholen, wobei man die zweite Lage mit breiten Streifen rechtwinklig zur ersten bildet.

Die zweite Farbe sollte ein starker Kontrast zur ersten sein. Je weiter auseinander die Streifen in der zweiten Schicht liegen, umso besser kann die erste Schicht durchscheinen.

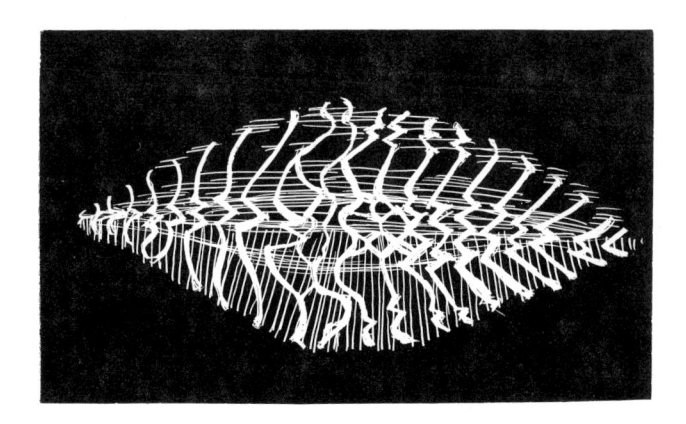

Ovale und Blütenblätter

Arbeitsweise: Auf den Bruch eines gefalteten Stoffes ein halbes Oval zeichnen (226). Die Mitte des gefalteten Bruches nach unten rollen (227, 228), bis sie den Mittelpunkt der Außenlinie berührt. Mit Stecknadeln feststecken (229). Den Stoff links von der Stecknadel wieder aufrollen bis die Außenlinie sichtbar wird. Am Bruch mit den Überwendlichstichen beginnen und das Oval umnähen (230). So wickeln sich die Stiche über den ge-

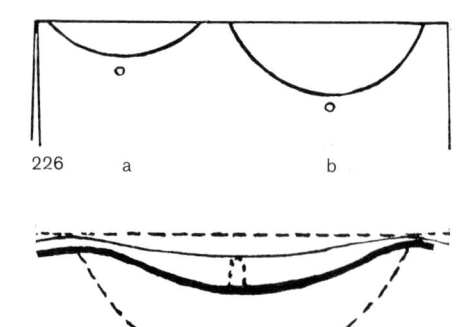

rollten Rand und ziehen ihn hinunter zur Bleistiftlinie. Wenn die Mitte des Ovals erreicht ist, die Stecknadeln entfernen und weiter nähen bis an die Außenlinie am Bruch.
Den Faden fest anziehen und durch Knoten sichern. Dies ergibt ein Oval, ein Blütenblatt — oder ein Blatt mit erstaunlichem Muster. Diese Ovale können groß oder klein, flach oder tief sein (226 a, 226 b). Es ist schwieriger, tiefere Ovale zu erzielen, weil der Stoff sich so schlecht rollt. Diese abgenähten Ovale kann man allein, in Reihen oder in Gruppen wie Blütenblätter anordnen. Man kann in der entgegengesetzten Richtung nocheinmal darübernähen (231).

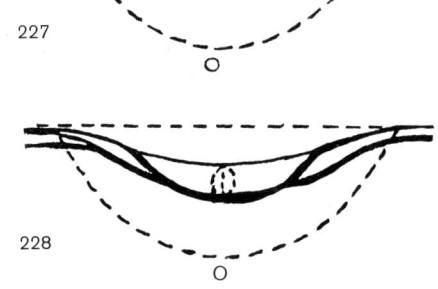

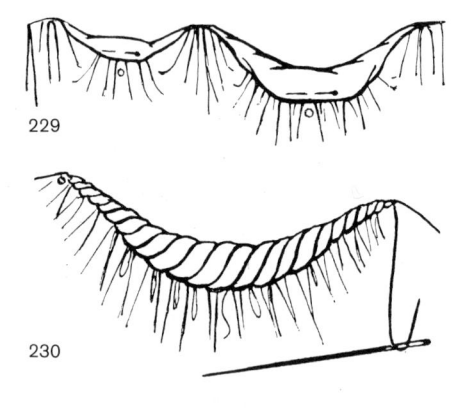

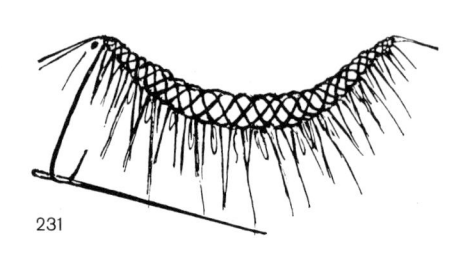

Scharfe Umrisse durch Überwendlichstiche

Mit Überwendlichstichen kann man sehr gut jede auf das Musterstück gezeichnete Form umranden.
Arbeitsweise: Das Muster auf den Stoff zeichnen. Festlegen, welche Linien betont und welche weniger betont sein sollen. Mit passendem Faden nähen. Jeden Stich in einem Winkel zwischen 30 und 60° ausführen.
Auf diese Weise (232) weiternähen, wobei die Stiche die gleiche Größe und dieselbe Richtung haben sollen; Ausnahmen sind Ecken oder Kurven, bei denen anders eingestochen wird (232, 233). Den Faden jeweils nach kurzen Abständen leicht anziehen, damit man später die Form leichter zusammenziehen kann; außerdem reicht so der Faden länger. Wenn ein neuer Faden gebraucht wird, neu ansetzen

(152). Überprüfen ob jedes Fadenende einen Knoten hat. Oft ist es vorteilhaft, mit mehreren Nadeln und Fäden an einem Musterstück zu arbeiten, besonders, wenn eine Form innerhalb einer anderen liegt. Alle Knoten sollten auf einer Stoffseite sein (233). Eine ganz feine Reservekontur kann man durch eine doppelte Linie winziger Stiche erreichen; dazu Nähseide einfach oder doppelt verwenden.
In der ersten Linie bedecken die Stiche gerade die Bleistiftlinie. Nach jedem dritten oder vierten Stich den Faden vorsichtig anziehen, so daß der Stoff die Kontur bedeckt. Wenn das Ende der Linie erreicht ist, in umgekehrter Richtung zurücknähen und gleichzeitig den Faden anziehen. Nach dem Nähen den Faden noch einmal vorsichtig anziehen. Mit einem Steppstich und einem Knoten sichern, oder den zu Beginn gemachten Knoten lösen und mit dem anderen Fadenende verknüpfen. Um diese winzigen Stiche nach dem Färben wieder aufzutrennen, ohne dabei den Stoff zu beschädigen, schneidet man zunächst den Sicherungsknoten ab und lockert dann die feinen Stiche mit einer stumpfen Nadel. In kleinen Abständen die hochgezogenen Stiche durchschneiden. So oft wiederholen, bis die ganze zweite Linie sich lockert.

Das Anziehen der Fäden:

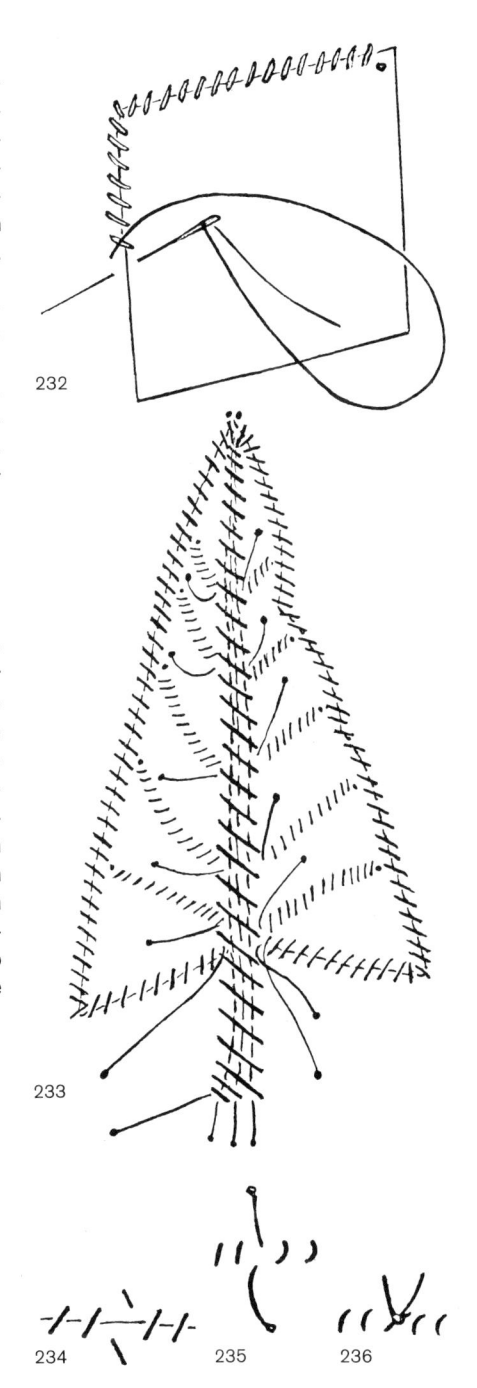

Manchmal reißt ein Faden durch (234). Er sollte sofort ersetzt werden. Wenn möglich an beiden Enden des gerissenen Fadens zuerst einen Knoten machen und dann miteinander verknüpfen (235, 236). Falls sich einige Stiche aufgelöst haben, versucht man die Fäden lang zu ziehen und macht an einem Ende des gerissenen Fadens einen Knoten. Das andere Fadenende einfädeln, die fehlenden Stiche nachnähen und mit einem Knoten sichern (236). Sind dagegen die beiden Enden des gerissenen Fadens so kurz, daß kein Knoten gemacht werden kann (238), verschlingt man die beiden Fäden miteinander (238 a). Einen neuen Faden einfädeln und die beiden verschlungenen Enden dicht mit Überwendlichstichen festnähen (238 b). Nachdem alle Fäden eng angezogen und durch Knoten gesichert worden sind, kann man, wenn nötig, zusätzlich noch abbinden.

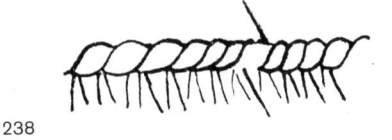

Entwerfen von Mustern für die Nähtechnik:

Die Nähtechnik erlaubt eher als die anderen Techniken eine schöpferische Tätigkeit und die Entwicklung eines persönlichen Stils. Wenn die grundlegenden Handgriffe beherrscht werden und wenn man weiß, welche Effekte die verschiedenen Stiche hervorbringen, ist es möglich, Muster zu entwerfen, die die Feinheiten dieser Reservierungsmethode voll ausschöpfen.

Zuerst sollte der Entwurf ausgearbeitet werden. Dazu auf einem Stück farbigem Papier die Reservelinien mit weißer Kreide aufzeichnen oder auch die Reservelinien aus weißem Papier ausschneiden und auf farbigem Grund hin- und herschieben, bis eine ansprechende Anordnung gefunden ist.

Jetzt muß man entscheiden, wie das Muster im einzelnen ausgearbeitet werden soll; man sollte sich über folgendes klar werden:

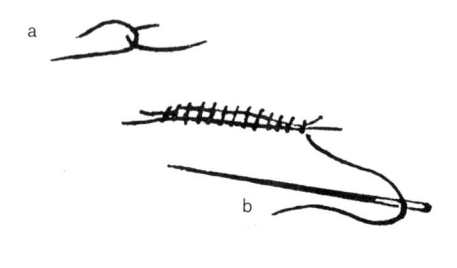

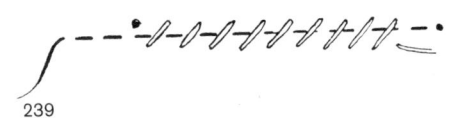

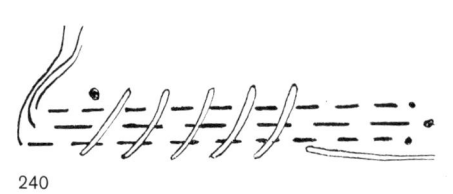

Fadenart und Fadenstärke. —
Welche Stellen mit feinen Stichen abgenäht werden müssen und für welche gröbere Stiche besser geeignet sind.—
Die Art der Konturen: Eine, zwei oder mehr Linien von Heftstichen auf einfachem Stoff (177 b, 178 b) oder auf doppeltem Stoff; einfache oder doppelte Überwendlichstiche; zur besonderen Betonung eine weitere Schicht von Stichen über der ersten in entgegengesetzter Richtung; oder Heftstiche mit Überwendlichstichen kombiniert (179 b, 239, 240, 233). —
Wie man den Raum innerhalb und außerhalb der Formen füllt, ob man gewisse Stellen leer läßt, ob man durch Abbinden, durch Heftstiche oder durch Überwendlichstiche eine Struktur erzielen soll. Die Richtung der Fülllinien muß auf dem Entwurf markiert werden. —
Welche Fäden erst vor dem zweiten oder dritten Färben angezogen werden sollen. —
Ob gewisse Stellen anders als der Rest des Musterstücks gefärbt werden sollen.
Ob man nach einmaligem oder zweimaligem Färben noch zusätzlich abbinden soll, um eine gleichmäßig verteilte Struktur zu erzielen.

Gefaltete Ovale

Diese Technik, bei der entweder ein gefärbtes Oval oder ein Reserveoval entsteht, läßt viele Abwandlungen zu. Jedes Oval kann gefaltet, abgebunden und gesondert gefärbt werden — auf gefärbtem oder ungefärbtem Grund.
Auf gefärbtem Grund kann ein Reserverand entstehen.
Mehrere einzelne Formen können in jeder beliebigen Richtung so gruppiert werden, daß Blumenmuster oder Blattmuster entstehen
Arbeitsweise: Wenn ein Oval wiederholt dargestellt werden soll, schneidet man am besten eine Schablone aus, die der halben, längsgeteilten Form entspricht.

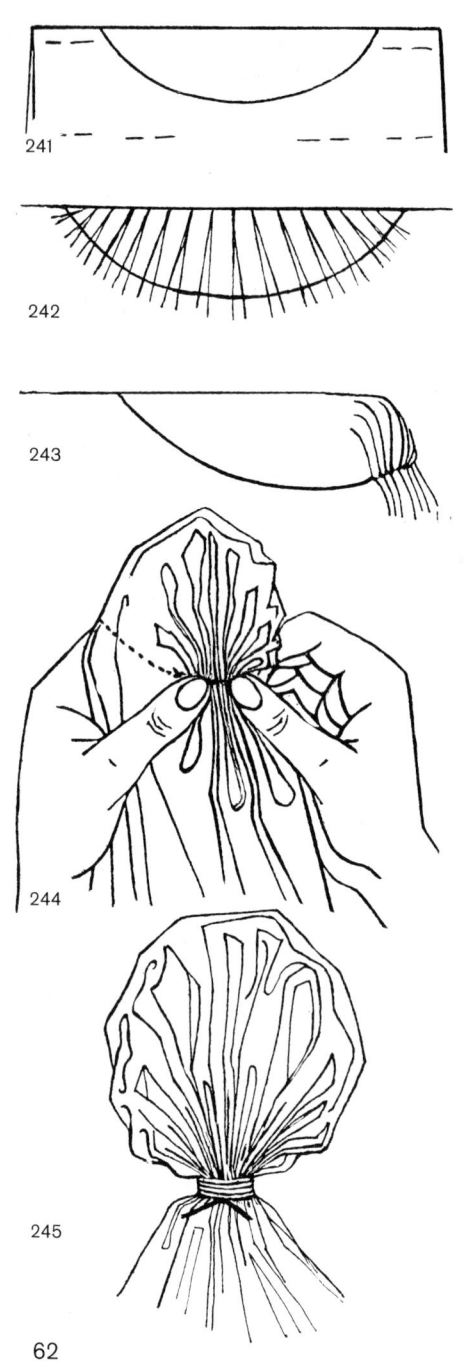

Den Stoff entlang der Mitte des gewünschten Ovals zusammenfalten. Den geraden Teil der Schablone auf den Stoffbruch legen. Die Kontur der Schablone mit Bleistift auf den Stoff zeichnen. Den doppelten Stoff durch Stecknadeln oder einige Heftstiche daran hindern, daß er sich verschiebt (241). Jedes Oval kann jetzt wie ein Fächer in kleine Falten gelegt werden (242). Am Stoffbruch beginnen und von rechts nach links mit Daumen und Zeigefinger der Bleistiftlinie entlang (243) die Falten in einem Abstand von ungefähr 0,5—1,5 cm legen (244). Die gebogene Bleistiftlinie ist nun eng gefältet. Fest aber schmal auf der Bleistiftlinie abbinden und durch einen Knoten sichern (245); auch ein zweites Abbinden ist möglich (246).

Das Färben einzelner Ovale

Wenn die gefalteten Ovale einzeln behandelt werden, müssen sie sorgfältig und genau gefärbt werden. Dafür ist eine kleine, flache Schüssel nützlich. Die Farbmenge darin sollte gleich der Höhe der fächerartigen Falten sein. (108 a und b). Jede fächerähnliche Form für sich bis zu der abgebundenen Linie in die Farbflotte tauchen. Nach dem Färben jeden „Fächer zwischen Daumen und Zeigefinger ausdrücken oder gegen den Rand der Schüssel drücken, um die überschüssige Farbe zu entfernen (109). Sofort die gefärbte Stelle ausspülen, damit die Farbe sich nicht über die abgebundene Linie hinaus ausdehnen kann oder den übrigen Stoff verkleckst. Mit einer Zeitung oder einem Tuch die gefältete Form umwickeln und ausdrücken. Wenn nötig wiederholen.

Es sind nun farbige Ovale auf einem

ungefärbten Grund entstanden. Nachdem die Ovale einzeln gefärbt wurden, kann man jedes zusätzlich noch abbinden und das ganze Stoffstück in eine zweite Farbe tauchen. Dies ergibt ein gefärbtes Oval auf einem andersfarbigen Grund. Spülen und trocknen. Eine dritte Farbe kann dadurch noch hinzugefügt werden, daß man die äußeren Ränder der kleinen fächerartigen Form in eine dunklere Farbe taucht oder ausbleicht. Dadurch wird bei jedem Oval die Mittellinie betont.

246

Reserveovale auf einem gefärbten Grund

Arbeitsweise: Die Ovale wie vorher auf den Stoff zeichnen, falten und abbinden.
Je nachdem wie oft jede „Fächerform" zusammengeschnürt wird, entstehen schwache oder starke Reserveeffekte. Ein deutliches Reserveoval entsteht, wenn die Form in doppelter Schicht vollkommen umwickelt ist, oder wenn auf die umwickelte Form geschmolzenes Wachs aufgetragen und die Farbe kalt verwendet wird.
Eine weniger deutliche, nur teilweise Reserve entsteht, wenn kreuzweise oder offen abgebunden wird (247). Dadurch entsteht ein Muster, das den Adern eines Blattes ähnelt.
Wenn eine ganz dünne Linie entlang der Bleistiftlinie abgebunden wird (245), bleibt nur eine ovale Reservelinie übrig. Eine kräftige Farbe ist vorzuziehen, damit zwischen den gefärbten Stellen und den Reservestellen genügend Kontraste entstehen. Die Ovale können in gleichmäßigen Abständen über den Stoff verteilt werden (248).

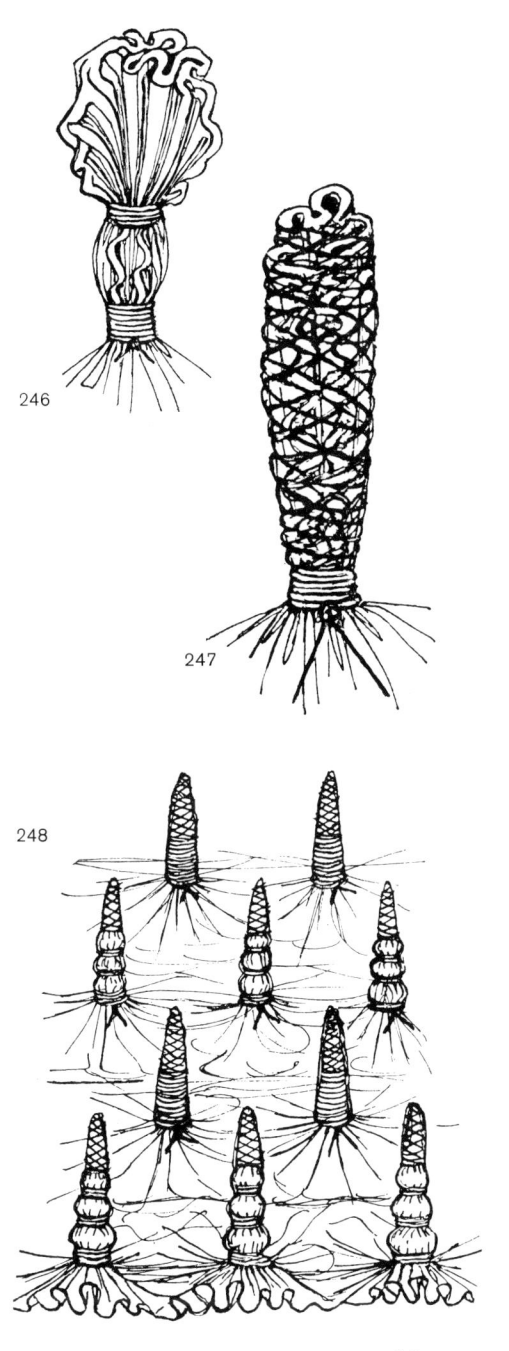

247

248

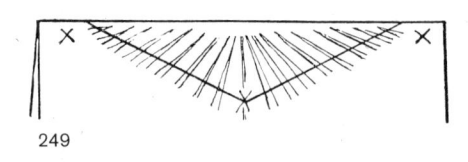

Abwandlungen der Grundform

Der Diamant:

Arbeitsweise: Mit Bleistift unter dem Stoffbruch ein flaches Dreieck zeichnen, das einer der Länge nach halbierten Diamantform entspricht (249). Mit einer Stecknadel oder einem Heftstich an der Spitze des Dreiecks und den beiden Seiten dafür sorgen, daß die Unterseite nicht rutschen kann, während die Falten gelegt werden. Den Stoff wie beim Oval falten (244), wobei man besondere Sorgfalt auf die Spitze des Dreiecks verwenden muß. Entlang der Bleistiftlinie abbinden.

Schmale Streifen

Arbeitsweise: Entlang dem Stoffbruch, der die Mittellinie des Streifens darstellt, die Hälfte der Form umreißen (250 b).
Den doppelten Stoff von rechts nach links entlang der Bleistiftlinie in Falten legen. Um das gefaltete Bündel eine schmale aber feste Linie abbinden, die mit der Bleistiftlinie übereinstimmen muß. Wenn eine breitere Reservestelle gewünscht wird, muß mehr zusammengeschnürt werden.
Diese Methode ist dann nützlich, wenn man schmale Blätter oder Stiele abbilden will.

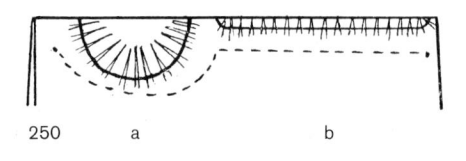

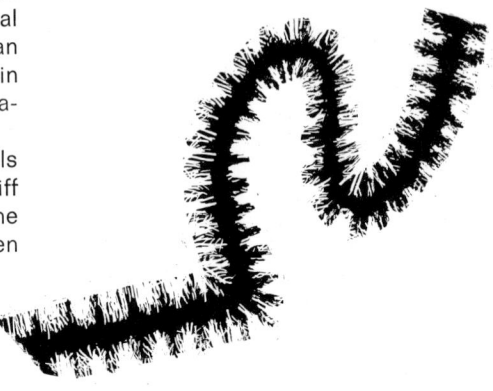

Ein Streifen, der die Richtung ändert

Die Mittellinie des Streifens auf den Stoff zeichnen. Es kann dies eine sanfte Kurve, ein offenes V oder eine doppelte Biegung sein (251). Auch eine große Spirale, ein Kreis oder ein Oval läßt sich so darstellen, nur muß man dann ganz sorgfältig vorgehen und in gleichmäßigen Abständen Stecknadeln in den Stoff stecken.
Entlang der Bleistiftlinie, die nun als Mittellinie betrachtet wird, einen Kniff machen. Direkt unter dem Kniff kleine Falten legen und mit einer schmalen abgebundenen Linie sichern.

Heftstiche auf doppeltem und einfachem Stoff (etwa 48 x 50 cm).

Heftstiche auf waagerechten Falten ergeben solche Muster.
Die Abbildung ist nur ein Ausschnitt.

Reservieren durch Rüschen

Durch die „Rüschenmethode" erhält man, wie der Name schon sagt, einen gerüschten, also fest zusammengezogenen Stoff; man verwendet dazu ein Stück Holz oder irgendeinen anderen passenden Gegenstand. Man bindet zusätzlich ab, um dem zusammengerafften Stoff mehr Festigkeit zu verleihen, und um einen reich gemusterten Reservestreifen zu erhalten. Die Einlage ist ausschlaggebend, da sie das Muster beeinflußt und die Breite des Streifens bestimmt (252, 253). Holzstücke sind für diese Zwecke ideal, weil der Stoff auf der glatten Oberfläche leicht entlanggleiten kann. Außerdem ist Holz billig und in allen Formen und Größen erhältlich.

Streifen mit der Saumtechnik

Ein Stück Holz in der Größe von etwa 1 x 1 cm oder 2,5 x 2,5 cm nehmen; Länge etwa 15 cm. Um das genaue Maß für den Saum zu bekommen, legt man zunächst den Stoff einmal um die Einlage und gibt etwa 3 mm zu, weil der Saum etwas größer sein muß, als die Einlage (253). Den Stoff doppelt legen. Der Stoffbruch ist die Mittellinie der Saumbreite. Mit doppeltem Faden den Saum abnähen (254), das Holz hineinschieben (255), und die Heftstiche anziehen (256). Den Stoff fest an einem Ende des Holzes zusammenschieben. Je enger der Stoff zusammengepreßt wird, je besser und deutlicher wird das Muster. Den gerüschten Stoff zusammenschnüren (257), so daß die Farbe nicht so leicht eindringen kann.
Diese Reservierung mehrmals an ver-

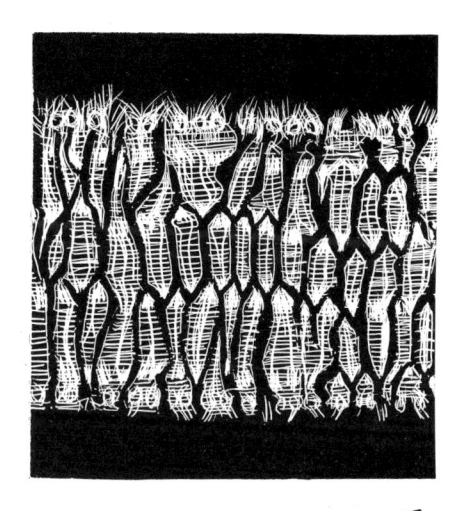

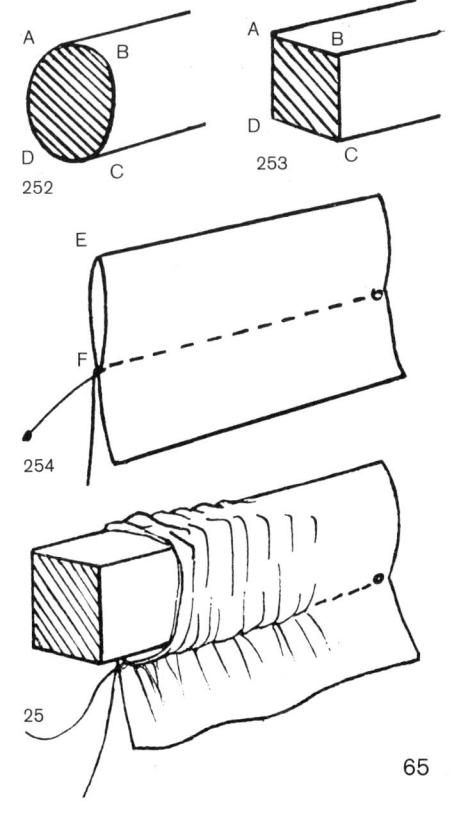

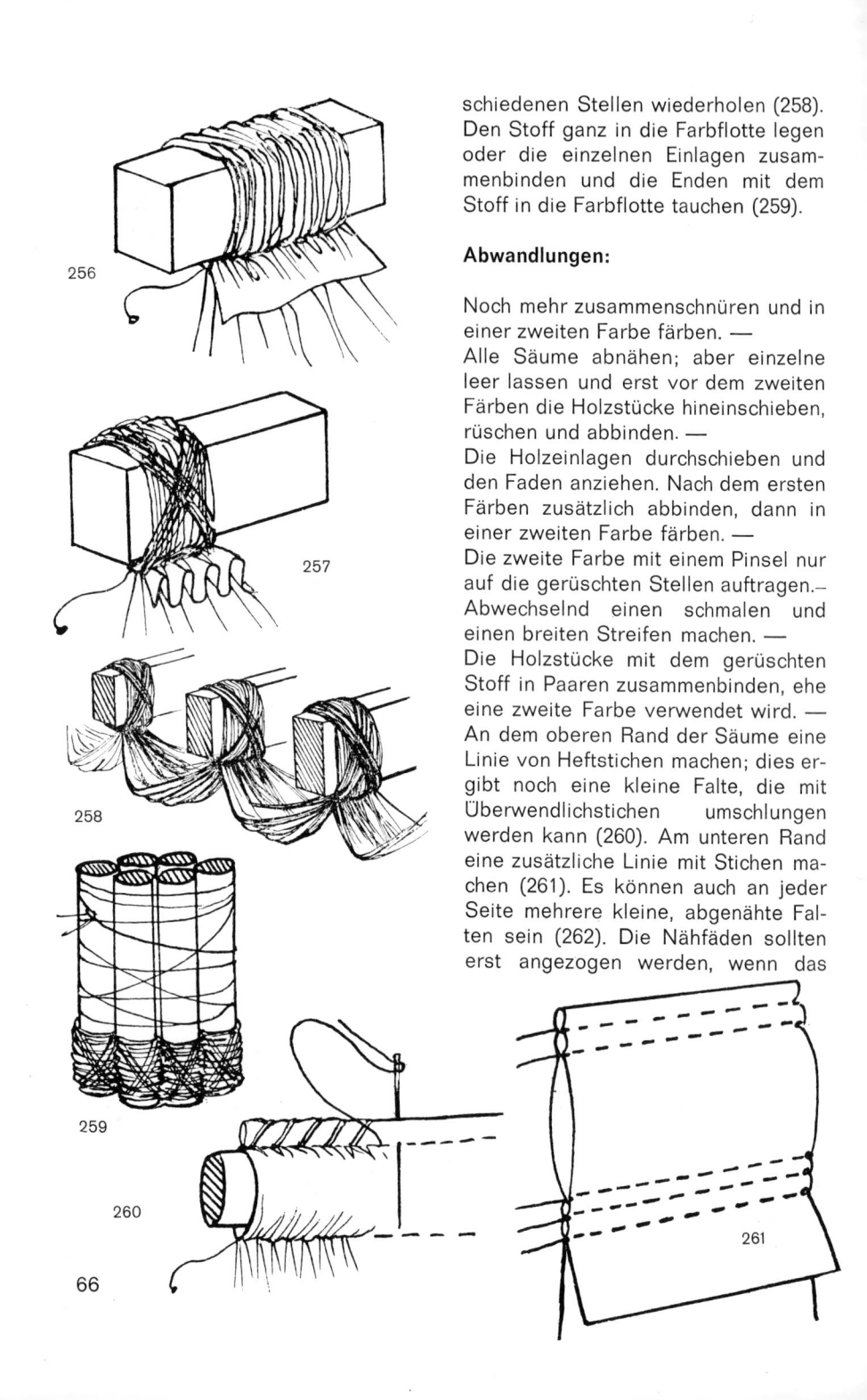

schiedenen Stellen wiederholen (258). Den Stoff ganz in die Farbflotte legen oder die einzelnen Einlagen zusammenbinden und die Enden mit dem Stoff in die Farbflotte tauchen (259).

Abwandlungen:

Noch mehr zusammenschnüren und in einer zweiten Farbe färben. — Alle Säume abnähen; aber einzelne leer lassen und erst vor dem zweiten Färben die Holzstücke hineinschieben, rüschen und abbinden. — Die Holzeinlagen durchschieben und den Faden anziehen. Nach dem ersten Färben zusätzlich abbinden, dann in einer zweiten Farbe färben. — Die zweite Farbe mit einem Pinsel nur auf die gerüschten Stellen auftragen.– Abwechselnd einen schmalen und einen breiten Streifen machen. — Die Holzstücke mit dem gerüschten Stoff in Paaren zusammenbinden, ehe eine zweite Farbe verwendet wird. — An dem oberen Rand der Säume eine Linie von Heftstichen machen; dies ergibt noch eine kleine Falte, die mit Überwendlichstichen umschlungen werden kann (260). Am unteren Rand eine zusätzliche Linie mit Stichen machen (261). Es können auch an jeder Seite mehrere kleine, abgenähte Falten sein (262). Die Nähfäden sollten erst angezogen werden, wenn das

Holz in die Hauptfalte, also den Durchzug, geschoben worden ist. —
Eine schmale und eine breite Holzeinlage verwenden (263). Unter dem Stoffbruch den schmalen Saum nähen. Weit genug entfernt davon den zweiten Saum für die breitere Holzeinlage abnähen. Die Fäden anziehen, abbinden und färben. Die obere Rüsche kann anders als die untere gefärbt werden.

Rüschen mit doppeltem Stoff

Man kann zwei einzelne Stoffstücke zusammennähen oder eine lange Bahn in der Mitte zusammenfalten (264); ein Quadrat kann diagonal gefaltet werden, sodaß ein doppeltes Dreieck entsteht (265).
Arbeitsweise: Die beiden Stoffhälften exakt mit Stecknadeln zusammenstekken. Auf einer Seite des doppelten Stoffes markieren, wo die Linien abgenäht werden sollen.
Der zwischen zwei Heftstichlinien entstandene Schlauch EF muß breit genug sein, damit das Holz hindurchgeschoben werden kann (264).
Alle Linien nähen und die Holzeinlagen hineinschieben (266, 267). Den Stoff an einem Ende zusammenraffen. Die Nähfäden anziehen und sie kreuzweise um den gerüschten Stoff am Ende eines Holzstückes wickeln (258).

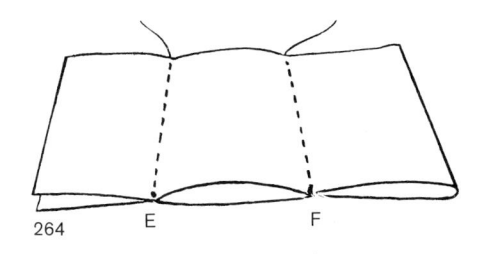

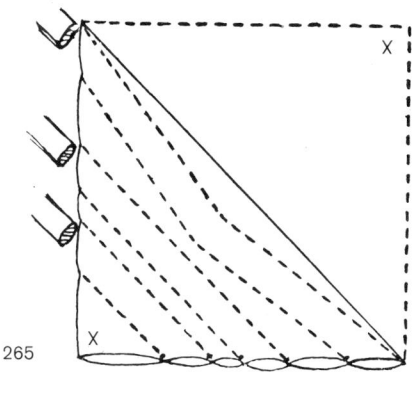

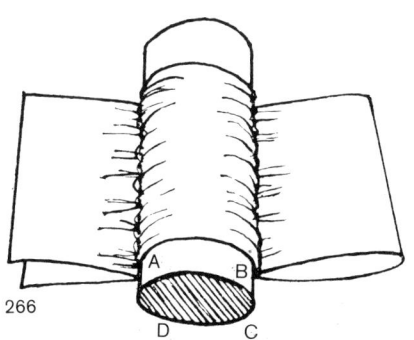

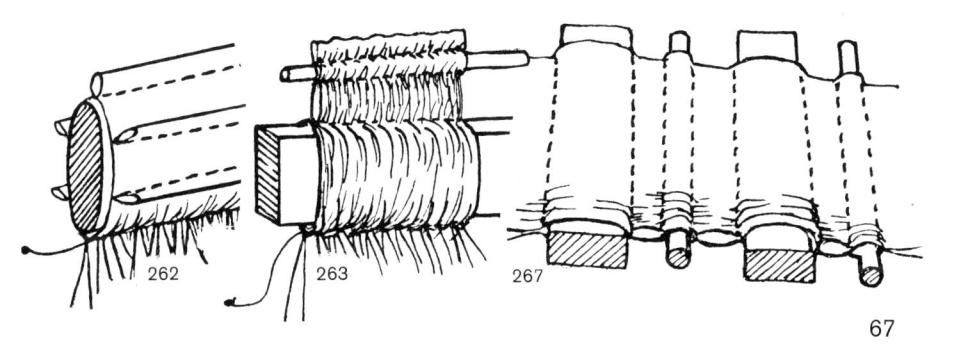

67

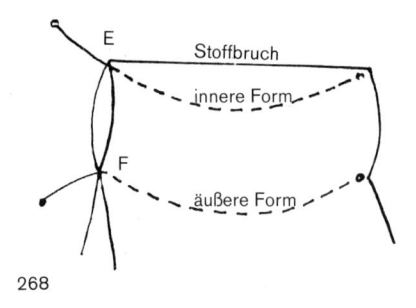

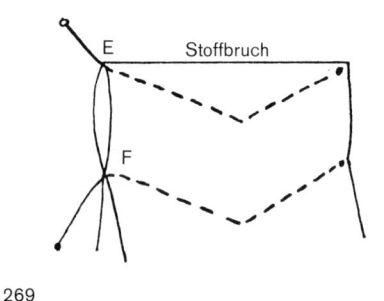

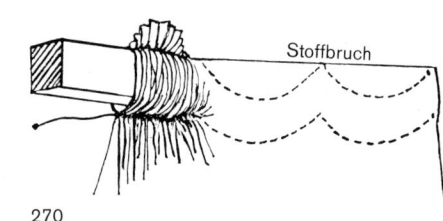

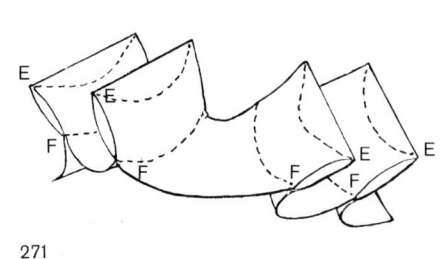

Ovale und diamantförmige Muster

Den Stoff doppelt legen. Ein halbes inneres Oval oder eine halbe Diamantform E zeichnen, so daß die Mittellinie mit dem Stoffbruch zusammenfällt (268 und 269). Parallel dazu den äußeren Rand (F) der Oval- oder Diamantform ziehen; der Abstand zwischen den beiden Linien ist gleich der Breite des Schlauches EF. Wenn mehrere Ovale oder Diamantformen gemacht werden müssen, Schablonen schneiden (270, 271).
Auf dem doppelten Stoff entlang der beiden Bleistiftlinien mit doppeltem Faden nähen und an jedem Ende einen festen Knoten machen (268, 269). Sehr vorsichtig das Holz in den gebogenen oder V-förmigen Schlauch schieben (270), und die Nähfäden anziehen (272). An einem Ende Stoff fest zusammenpressen. Die Mitte des Ovals oder der Diamantform steht nun wie ein Fächer (272) über. Man kann ihn so stehen lassen, zusammenschnüren, oder mit Überwendlichstichen vor oder nach dem ersten Färben umschlingen; die Rüschen umschnüren.

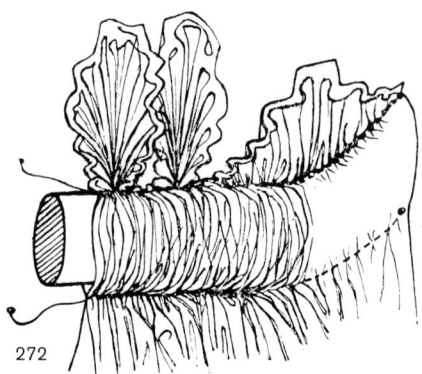

Man braucht für jeden Schlauch ein gesondertes Stück Holz; jeder Durchzug kann aber mehrere Ovale oder Diamantformen umschließen, wenn sie alle in einer Richtung, entweder quer oder längs, verlaufen (270).
Wenn doppelter Stoff verwendet wird, braucht man für eine Oval- der Diamantform zwei Holzstücke, eines für jede Hälfte (273). Gleichzeitig entsteht jedoch auf dem untenliegenden Stoff eine gleiche Form, so daß gleichzeitig zwei vollständige Formen entstehen (273, 274).

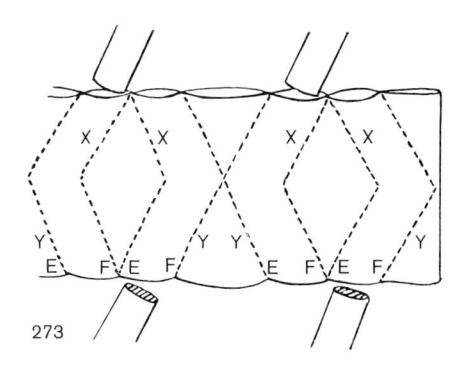

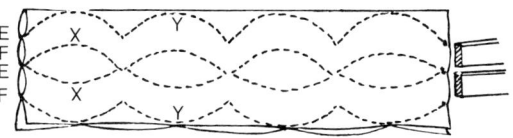

273

274

Zickzacklinie - die Technik des spiralförmigen Faltens

Diese Technik, durch die ein Zickzackmuster entsteht, ist anders als die „Seilmethode". Sie bietet Möglichkeiten für viele Abwandlungen.
Ideal ist sie für den Hintergrund und für schmale Stoffbahnen für Schals, Röcke, Kleider, usw. Es gibt zwei Möglichkeiten, den Stoff zusammenzufalten; in beiden Fällen ist das Endergebnis dasselbe, nämlich ein flacher, in Spiralform gelegter Schlauch. Bei beiden Methoden muß der Stoff zuerst einmal der Länge nach zusammengelegt werden, wenn eine einfache Zickzacklinie entstehen soll (275); für eine doppelte Zickzacklinie viermal (276) usw. Die Ecken entweder mit Stecknadeln zusammenstekken oder zusammenheften.

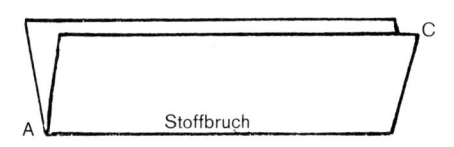

275

276

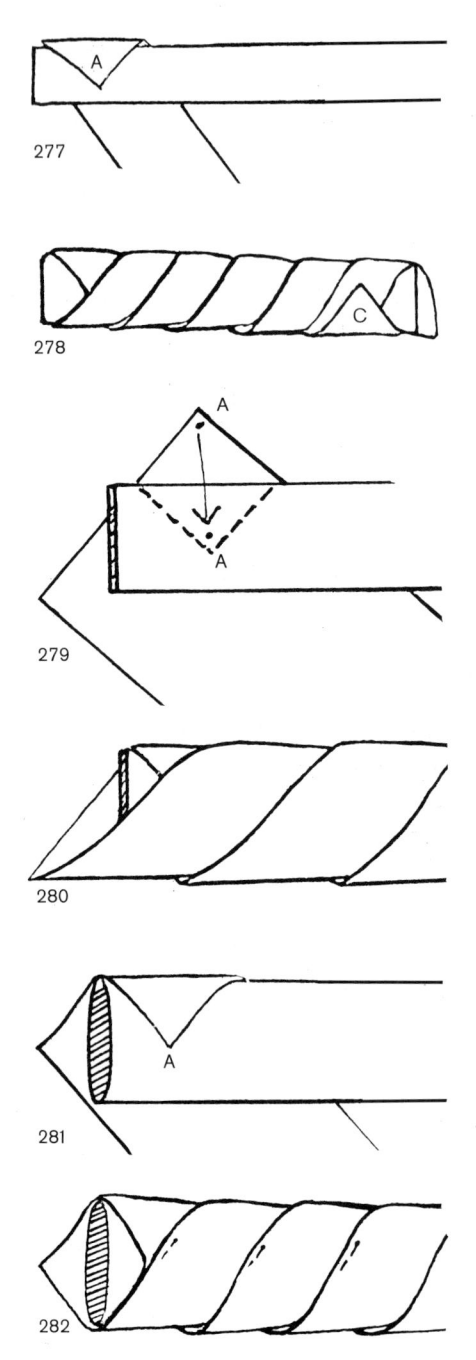

Arbeitsweise: Als Einlage benötigt man ein Lineal oder einen Bleistift, für kleine Musterstücke (277 und 278) einen Streifen Sperrholz oder dicken Karton; ein Stück von einem Besenstiel für größere Stoffstücke (279 und 280). Der Stoff wird um diese Einlage gewickelt. Die Ecke A an einem Ende der Einlage (279, 281) festhalten, den übrigen Stoff spiralförmig darum herumwickeln (283). Die Ecke C entweder mit Stecknadeln feststecken, oder mit Heftstichen befestigen (283). Stecknadeln in gleichmäßigen Abständen in den spiralförmigen Schlauch stecken. Die Einlage herauszuziehen. Dies sollte ganz leicht möglich sein. Den Stoff glätten, wenn nötig mit einem Bügeleisen. Den Schlauch der Länge nach in der Mitte zusammenfalten, wenn er zu breit ist, um wirksam abgebunden werden zu können (284). Die Linien-, Bänder-, kreuzweisen Abbindungen, oder was immer für eine Technik verwendet wird, müssen im rechten Winkel gemacht werden (285). Nadeln entfernen und Färben.

Ehe die zweite oder dritte Farbe angewandt wird, noch mehr zusammenschnüren.

Bei der anderen Arbeitsweise wird das Falten ohne Einlage durchgeführt. Diese Methode ist genauer und für lange Stoffstücke besser geeignet.

Man kann an beiden Enden beginnen. Ecke A umschlagen und an der Webkante feststecken, so daß ein rechtwinkliges Dreieck entsteht (286). An der Ecke A den Stoff in einem Winkel von 45° nach unten schlagen, so daß die Webkante parallel dazu verläuft und den gefalteten Rand gerade berührt. Einen Kniff machen und feststecken (287). Das Ganze umdrehen, so daß die obere Stoffseite nach unten kommt. Das nächste Stück Web-

kante in einem Winkel von 45° umfalten, daß es den Stoffbruch der vorherigen Schicht berührt (288). Feststecken und das Musterstück wieder umdrehen, damit die ursprüngliche Seite oben ist. Weiterhin die Webkante in einem Winkel von 45° nach unten umschlagen, bis der ganze Stoff zu einem flachen spiralförmigen Schlauch geworden ist (289).
Dann abbinden (290) und nach Bedarf färben. Ehe eine zweite Farbe angewandt wird, noch mehr zusammenschnüren (291).
Wenn ein sehr langer Stoff bearbeitet wird, den Schlauch sorgfältig heften und ungefähr 20—30 cm an beiden Seiten abbinden. Jedes Ende zu einem „Ball" zusammenrollen und verschnüren. Weitere 15 cm abbinden, auf den Ball wickeln und verschnüren. Auf diese Art von beiden Seiten zur Mitte hin weiterarbeiten.

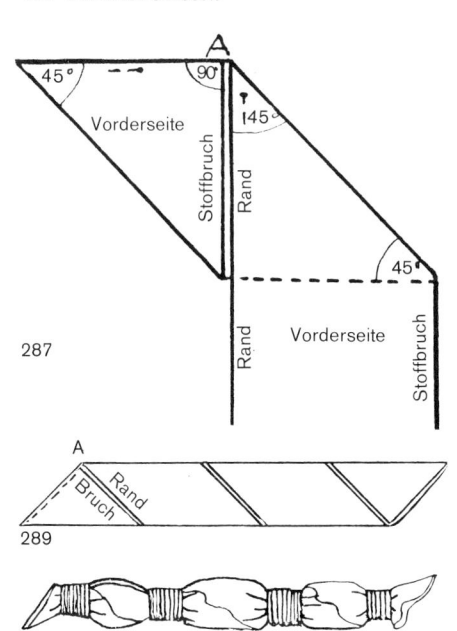

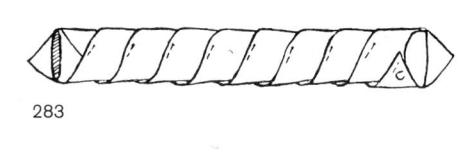

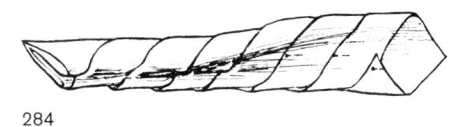

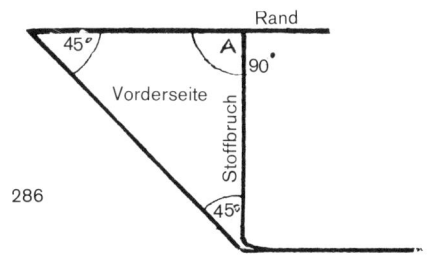

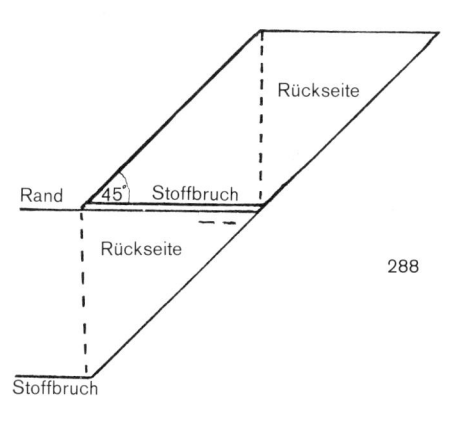

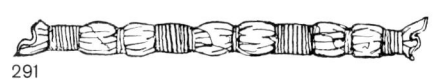

292

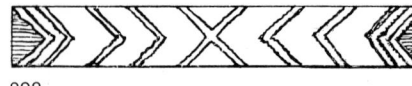

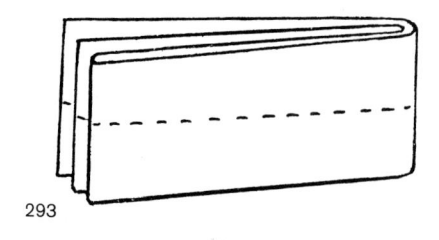

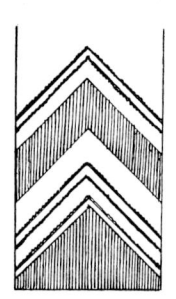

293

294

295

296

Soll ein Schal entstehen, kann der Stoff in der Mitte (292) oder in vier Schichten der Breite nach zusammengefaltet werden (293). Dann der Länge nach falten und nach einer der besprochenen Methoden weiterarbeiten. Dadurch entsteht auf der einen Hälfte des Musterstücks eine umgekehrte Zickzacklinie (294).
Wenn man ein Randmuster erhalten will (295, 296), faltet man den Stoff zwei-, drei- oder viermal der Länge nach und schlägt nur ein Ende diagonal um die Einlage. Will man eine große Zickzacklinie oder mehrere kleine erhalten, bindet man eine breite bzw. mehrere schmale Linien ab (297). Den übrigen Stoff braucht man nicht zusammenzuschnüren, wenn man einen einfachen Grund wünscht. Möchte man einen strukturierten Grund, bindet man offen oder kreuzweise ab.
Mit der spiralförmigen Schlauchtechnik kann man lange, schmale Stoff-

297

stücke mit Mustern versehen. Dazu faltet man den Stoff so oft der Länge nach, bis er höchstens noch 2,5 bis 5 cm breit ist. AB ist die Stoffbreite, ABCD ein Quadrat (298). Den Stoff in einem Winkel von 45° so nach oben falten, daß die Linie AB mit der Linie BC (299) übereinstimmt. Bei C den Stoff in einem Winkel von 45° nach unten falten, so daß die Linie BC senkrecht wird und die Linie AD berührt (300). Bei A und D im rechten Winkel zu dem neuen gefalteten Rand (Stoffbruch) eine schmale Linie abbinden (301). Nun das Musterstück wieder nach vorne drehen, den oberen Rand in einem Winkel von 45° nach unten falten und wie in A und D abbinden (302). Den Stoff wiederholt umdrehen, in einem Winkel von 45° nach unten falten und entlang dem entstehenden Schlauch abbinden. Man kann vor dem ersten oder zweiten Färben noch zusätzlich abbinden (303).

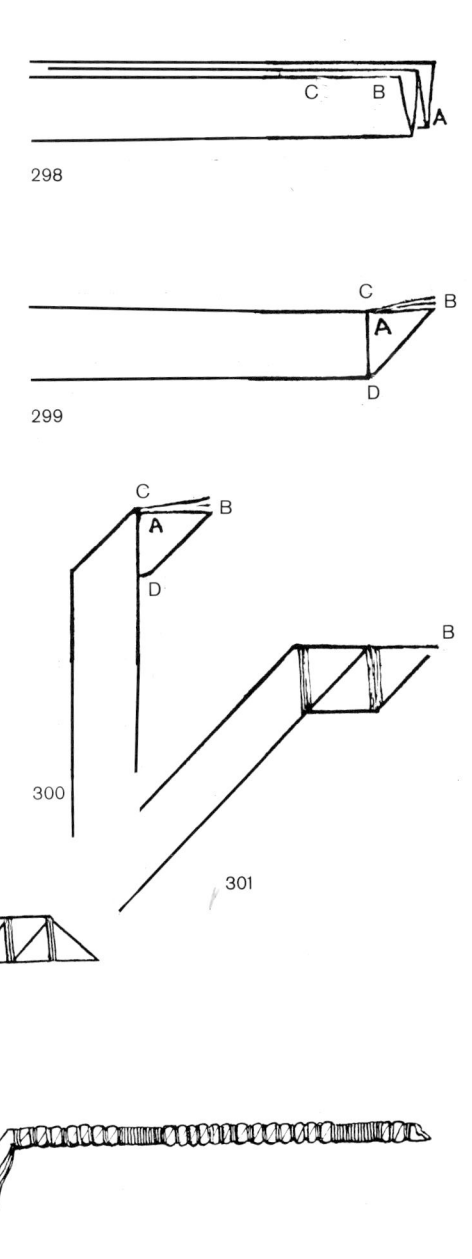

Verschiedene Techniken in einem Muster

4 oder 11, 26, dann 1

Die Ziffern unter den Abbildungen beziehen sich auf die nebenstehende Liste

10, 11, 18 oder 19

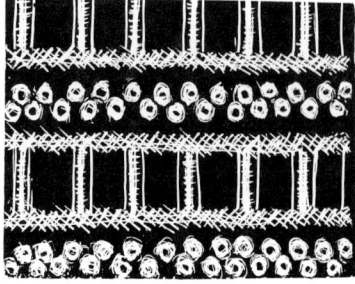

10, 15 oder 16 und 14

1. Ein bereits gefärbtes Musterstück kann eine dunklere Farbe durch das Marmorieren erhalten. Dies läßt sich entweder über den ganzen Stoff oder nur an bestimmten Stellen ausführen. Die Struktur kann ganz zart oder kräftig sein, je nachdem wie oft abgebunden wurde. —
2. Durch das Hinzufügen von abgebundenen Linien an bestimmten Stellen kann der obere Teil eines Musters anders als der untere gefärbt werden. Ebenso kann eine Seite anders als die andere gefärbt werden, oder farbige Bänder können hinzugefügt werden. —
3. Die gefalteten Ränder eines „Seilmusters" können vor dem zweiten Färben mit Überwendlichstichen umschlungen werden. —
4. Der Stoff kann mit teilweise angezogenen Heft- oder Überwendlichstichen bedeckt werden, was dem Stoff ein gekräuseltes Aussehen gibt.
Kleine Gegenstände können außerdem in gleichmäßigen Abständen in den Stoff eingebunden werden. —
5. Auf feinen Stoff große Kreise, Quadrate oder Rauten mit mehreren Linien von Heftstichen abnähen. Die Fäden anziehen und durch Knoten sichern. In der Mitte jeder Form in den Stoff einen Knoten knüpfen. Färben, spülen und trocknen. Den Knoten noch einmal knüpfen und in einer zweiten Farbe färben, oder nur die Knoten in Farbe tauchen. Zusätzlich abbinden und in einer dritten Farbe färben. —

6. Große abgebundene oder genähte Streifen können abwechselnd mit einer Linie von großen eingeknüpften Gegenständen oder Gruppen von kleinen eingeknüpften Gegenständen verwendet werden. —
7. Gefältelte Ovale in Reihen oder innerhalb abgenähter Ovale und Rauten anordnen. —
8. Abgenähte Rauten oder Ovale können in große abgebundene Formen einbezogen werden. —
9. Große mit Überwendlichstichen genähte Formen können kleinere genähte und abgebundene Formen oder eingeknüpfte Gegenstände umschließen. —
10. Überwendlichstiche kann man auf viele Arten mit gerüschten Ovalen oder Rauten kombinieren.
11. Gewebeflächen mit einer Nähstruktur können mit abgebundenen Formen, Knoten oder eingeknüpften Gegenständen kombiniert werden.
12. Schmale Randstreifen kann man dazu verwenden, Bahnen mit Mustern zu versehen oder mit einem gitterartigen Netz den Stoff zu gestalten. Diese können dann mit kleineren abgebundenen oder abgenähten Formen ausgefüllt werden.

Wenn das Muster in Bändern quer oder längs auf dem Stoff angeordnet ist, gibt es unzählige Möglichkeiten.

Die zwei oder drei folgenden würden beispielsweise alle ein interessantes Muster ergeben.

13. Ein einzelner breiter oder eine Gruppe von anderen Randstreifen.
14. Eine stufenweise Linie von großen eingeknüpften Gegenständen, eine doppelte Linie von kleineren.

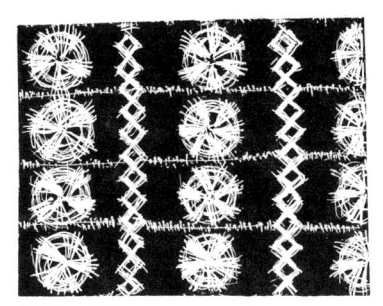

15, 20 und 22

Die Ziffern unter den Abbildungen beziehen sich auf die nebenstehende Liste

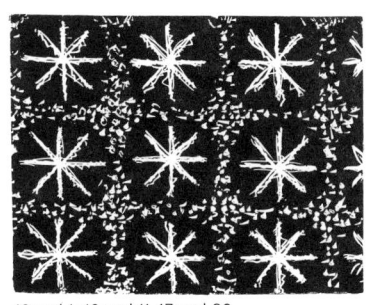

10 und 1; 10 und 11, 17 und 26

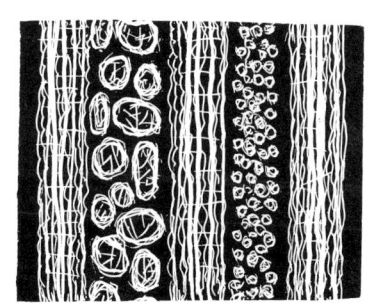

6 oder 11; 14 oder 21 mit 15 oder 17

6 oder 11; 4; 15, 17 oder 24 mit 20

Die Ziffern unter den Abbildungen beziehen sich auf die nebenstehende Liste

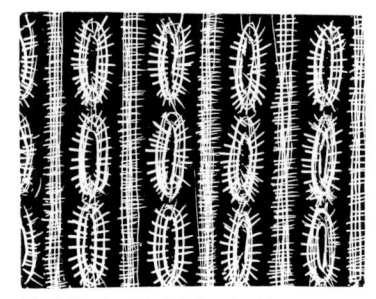

13, 16, 19 oder 24 mit 7, 8, oder 20

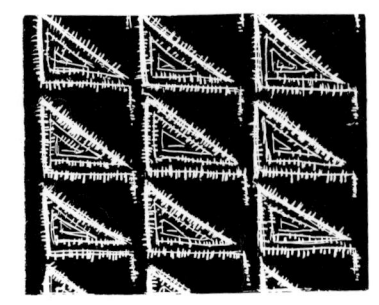

25 oder 10

5, 8, 9 oder 20 und 12

15. Eine einzelne abgenähte Linie, die auf einfachem oder doppeltem Stoff in gleichmäßigen Abständen wiederholt wird.
16. Ein oder mehrere Bänder von schmalen oder breiten Überwendlichstichen.
17. Ein Band von Stichen.
18. Ein genähtes Zickzackband.
19. Ein gerüschtes oder gerades Band, Rauten oder Ovale, schmal oder breit.
21. Eine Linie von Bandhana-Punkten oder Gruppen solcher Linien.
20. Eine Reihe von Ovalen, Rauten oder Vierecken. Auf doppelten Stoff genäht und abgebunden.
22. Eine Linie von mittelgroßen abgebundenen Kreisen.
23. Ein Band, das durch Knüpfen des Stoffes entsteht.
24. Durch die Bindemethode entstandene Linien und Bänder.
25. Eine Linie von abgenähten Spiralen; rund, dreieckig oder viereckig.
26. Eine Linie mit Blumen- oder Blattformen, die auf doppeltem Stoff abgenäht oder mit Überwendlichstichen genäht werden usw.

Batiken

Eine andere Art, Stoffe dekorativ zu färben, ist das Batiken.
Die einfachste Form des Batik ist diese: Ein Motiv wird mit Wachs auf den vorbereiteten Stoff gezeichnet. Danach wird dieser in ein blaues oder rotes Farbbad gelegt. Nachdem das Wachs entfernt ist, haben wir das weiße Schmuckmotiv auf blauem oder rotem Grund. Man wird erstaunt sein über die Wirkung: Die feinen Tjantinglinien und die mit Farbadern durchgezogenen Flächen machen selbst das einfache Motiv lebendig.
Entwickeln wir nun ein Motiv aus Gelb, Rot und Dunkelbraun: Zuerst wird gewachst, was weiß bleiben soll. Nach dem gelben Farbbad decken wir alle diejenigen Stellen mit Wachs ab, die wir gelb lassen wollen, dasselbe geschieht nach dem roten Bad. Was weiß erhalten werden soll, bleibt durch alle Farbgänge mit Wachs bedeckt. Dem braunen Farbbad könnten wir dann noch ein Dunkel- oder Marineblau beigeben und erzielen damit als letzten Ton eine satte dunkle Farbe. Prinzip bei dieser Methode ist: Farben, die erhalten werden sollen, müssen jeweils vor dem nächsten Färben mit Wachs abgedeckt werden.
Anders müssen wir vorgehen, wollen wir ein Motiv in Komplementärfarben herausarbeiten. Angenommen, wir färben in Gelb, Blau und Rot. Vor dem ersten Färben mit Gelb werden alle Teile gewachst, die kein Gelb enthalten dürfen. Ist der Farbgang beendet, wird das Wachs entfernt und diejenigen Stellen werden gewachst, die keine blaue Farbe erhalten sollen, also die gelben und die roten Teile. Gefärbt wird dagegen, was blau, violett und

braun werden darf. Die weißen Stellen bleiben auch bei dieser Methode alle Farbbäder hindurch abgedeckt. Beim dritten Wachsen endlich werden die gelben, blauen und grünen Teile reserviert, und es folgt das rote Farbbad. Wunderschön wirkt bei einer vielfarbigen Batik die Abstufung der dunklen Farbtöne, wie sie durch das Überfärben entsteht.

Schließlich kann man noch mit einem Entfärber arbeiten. Vielleicht haben wir ein Motiv in den Farben Weiß und Rot entwickelt und möchten nun gern noch ein Grün hineinbringen. Aber Grün auf Rot, das geht nicht; es würde ein Braun oder Schwarzbraun entstehen. Wir helfen uns, indem wir alle Teile bis auf diejenigen, die wir später grün färben wollen, mit Wachs abdecken und den Batik in einem Entfärberbad behandeln. Anschließend können wir die Grünfärbung durchführen. Bestimmte Teile können mit Wachs reserviert und die übrigen mit Braun überfärbt werden.

Es braucht übrigens nicht bei jedem Farbgang ein neues Bad bereitet werden, vielmehr wird dem gelben Bad das Rot und dem roten das Braun zugesetzt. Wir müssen jedoch das Farbbad jeweils wieder erwärmen.

Es ist ratsam, Wachsabdeckungen, die mehrere Farbbäder durchmachen, zwischendurch zu erneuern, damit sie nicht zu dünn werden. Die Wärme der Bäder greift das Wachs an. Das gilt vor allem für die weißen Teile. Eine Blüte zum Beispiel oder eine Linie, die rein weiß und nicht durchbrochen sein sollten, müssen auf jeden Fall zweimal gewachst werden.

Der Stoff darf nicht mit fettigen Händen angefaßt werden. Solche Stellen nähmen die Farbe schlechter an; sie erschienen nach dem Färben heller und das Ganze wirkte dadurch fleckig. Die Intensität der Färbung hängt ab von Temperatur, Konzentration und Dauer des Farbbads. Von Fall zu Fall können wir hier etwas variieren. Nach jedem Farbgang wird der Stoff in kaltem Wasser so lange gespült, bis das Wasser klar bleibt. Ist die Färbung nicht stark genug ausgefallen, so kann man sie wiederholen. Eventuell wird man neuen Farbstoff zusetzen müssen, denn jedes Färben entzieht dem Bad Farbstoff.

Beim Färben der hellen Töne wird der Stoff möglichst wenig gedrückt, damit keine Farbe eindringen kann. Bei den dunklen Farben dagegen, vorzugsweise bei Blau, Moosgrün und Braun, lassen wir diese feinen Äderchen entstehen, indem wir den Stoff im Farbbad leicht zusammendrücken. Bei kleinen Batiken bilden sich diese Sprünge meist nicht so reichlich, weil das kleine Stück Stoff im Farbbad nicht viel gedrückt wird. Hier kann man etwas nachhelfen, indem man beim Wässern vor dem Farbbad den Stoff absichtlich etwas drückt.

Will man bei großen Batiken ein ruhiges Sprungbild erzielen, benützt man für das Farbbad ein großes Gefäß. Auf diese Weise wird der Stoff wenig geknittert. Über die Änderung der Wachsmischung haben wir in anderem Zusammenhang schon gesprochen: man nimmt mehr Bienenwachs und weniger Paraffin. Außerdem untersuchen wir vor jedem neuen Färben den alten Wachsauftrag nach Sprüngen und wachsen gegebenenfalls ein zweites Mal darüber.

Abbildung und Text aus dem Buch von Ernst Mühling: „Das Batikbuch", Verlag Frech, Stuttgart-Botnang.

Stoffmalfarben · Batikfarben - Hobbyfarben

DEKA-FARBEN

Prospekte im Fachgeschäft oder von
DEKA-Textilfarben AG
8025 München-Unterhaching

Hannes Grauwiller
Plastische Ornamente aus Holzspänen

40 Seiten, 50 Abbildungen, kartoniert,
(1971) ISBN 3-7724-0138-4

Die Idee, aus Holzspänen originellen Raumschmuck herzustellen, kommt aus Skandinavien. Das Material findet sich auch bei uns: beim Schreiner um die Ecke oder im Hobbygeschäft. Macht man die Holzspäne selbst, läßt sich Stärke und Länge genau bestimmen. Die Industrie hat dazu kleine praktische und preiswerte Hobel entwickelt.
Der Verfasser ist Lehrer in der Schweiz. In Abendkursen zeigte er den Frauen seines Dorfes diese Technik. Sie waren hell begeistert. Kein Wunder, denn es entstehen erstaunlich hübsche Gebilde, die äußerst dekorativ wirken und die verhältnismäßig einfach und billig herzustellen sind.
Das Buch zeigt alles, was man wissen muß: die Herstellung der Holzspäne, das Biegen, Kleben und Formen zu wirkungsvollen, plastischen Ornamenten. Die durch Text, Zeichnung und Fotos gegebenen Anregungen schaffen die Grundlage für das weitere eigene Gestalten.

Interessenten: Werklehrer, Jugendleiter, Kindergärtnerinnen, Dekorateure und Raumausstatter, ferner alle, die an einem originellen Raumschmuck interessiert sind.

Verlag Frech Stuttgart-Botnang